(2) Thick pages

Zwischen uns tausend Bilder

NEDA ALAEI

ZWISCHEN UNS
TAUSEND BILDER

Aus dem Norwegischen
von Stefan Pluschkat

THIENEMANN

Für Torhild, Aleksander und Papa

Das Herz wird nie voll,
ein ganzes Leben passt hinein.
All das und noch mehr,
was wir bekommen und verlieren.

Kent – Andromeda

Bei Papa und mir gibt es nur eine Regel. Es gibt sie seit letztem November, seit Mama tot ist, und sie ist ganz einfach:
Wenn Papa schreibt, störe ich ihn nicht.
Schwer zu sagen, wer die Regel aufgestellt hat, sie wurde ja nie aufgeschrieben, geschweige denn laut ausgesprochen.
Papa sitzt an seinem Schreibtisch im Wohnzimmer, umgeben von Papierstapeln und Bleistiftstummeln.
Er hat beschlossen, dass es zum Abendessen Fischauflauf gibt, und ich springe noch mal schnell unter die Dusche. Danach kämme ich mir langsam die Haare, überlege, ob ich sie föhnen soll, lasse es aber bleiben. Das würde nur Krach machen. Also binde ich sie zu einem Pferdeschwanz zusammen und schleiche an Papa vorbei in mein Zimmer.
Plötzlich merke ich, dass es angebrannt riecht. Als ich die Wohnzimmertür öffne, wird der Geruch stärker. Das Essen!, denke ich und werfe einen Blick auf

die Uhr, habe aber keine Ahnung, wann Papa den Fisch in den Ofen geschoben hat. Ich renne an ihm vorbei in die Küche, wo mir dicke Rauchschwaden entgegenschlagen.

»Verdammt!«, rufe ich und versuche, den Rauch wegzuwedeln.

Ich will den Auflauf aus dem Ofen holen, zittere aber so sehr, dass mir alles aus den Händen rutscht und ich mich am Rost verbrenne.

»AUTSCH!«

Rost und Fischauflauf krachen zu Boden.

»Was ist da los?«, höre ich Papas Stimme.

Ich fahre herum und blicke geradewegs in seine leeren Augen. Er steht in der Tür, die Hände fest in die Hüfte gestemmt.

»Papa, der Fischauflauf –«, fange ich an, aber er schneidet mir das Wort ab.

»Sanna, ich schreibe! Ist es wirklich so schwer, mich nicht zu stören?«

Die verkohlte Aluschale auf dem Boden bemerkt er gar nicht.

»Du hast das Essen vergessen«, sage ich ruhig. »Es ist total verbrannt.«

»Was?«, fragt er, aber noch bevor ich antworten kann, heult der Rauchmelder auf. Ich presse mir die Topflappen auf die Ohren, um den Lärm auszusperren.

Schaue zu Papa, sehe die Verwandlung in seinen

Augen. Es ist, als würde er aus einem langen Winterschlaf erwachen und ganz langsam begreifen, was passiert ist.

Er wimmert. Sofort nehme ich die Topflappen von den Ohren und strecke die Arme aus, um Papa aufzufangen. Dann halte ich seinen langen knochigen Körper und wiege ihn, umgeben vom Rauchmeldergeheul.

Schließlich bugsiere ich Papa ins Schlafzimmer. Er legt sich ins Bett, aber obwohl ich ihn zudecke, hört er nicht auf zu zittern. Ich gehe zurück in die Küche, klettere auf einen Stuhl und drücke den Knopf am Rauchmelder, damit es endlich still wird – in der Küche, in der Wohnung. In meinem Kopf.

Dann gehe ich wieder zu Papa und bleibe neben dem Bett sitzen, bis er eingeschlafen ist.

Bei Papa und mir gibt es nur eine Regel, denke ich, als ich am Küchentisch sitze und mein Abendessen durch Kaffee ersetze. Am liebsten würde ich mich durch Papas Zettelberg wühlen, um zu verstehen, was in ihm vorgeht, wenn er schreibt und in den Wörtern verschwindet – aber das tue ich nicht, habe ich noch nie getan.

Als die Kanne leer ist, schleiche ich mich in mein Zimmer, schließe leise die Tür und lasse mich auf den Schreibtischstuhl plumpsen. Auf dem Tisch warten haufenweise unerledigte Hausaufgaben. Aber von dem vielen Kaffee ist mir so schwindelig, dass ich lieber mein Handy aus der Tasche hole und Instagram und Snapchat checke, zum ungefähr tausendsten Mal heute.

Ich schaue, ob Mie irgendwas gepostet, ob sie in den Ferien etwas Spannendes unternommen und mich nicht dazu eingeladen hat.

Als ich am nächsten Morgen nach Papa schaue, guckt unter der Decke nur sein brauner Strubbelkopf hervor, gerade so viel, dass ich einen Streifen Stirn sehe. »Mach's gut!«, flüstere ich und fahre ihm mit den Fingern behutsam durchs Haar. Er bewegt sich ein wenig, weg von meiner Hand.

Ich fülle den Kaffeerest in eine Thermoskanne und hole Papas Becher aus dem Schrank, auf dem in grünen Buchstaben und in krakeliger Kinderhandschrift, die mir vorkommt wie aus einem längst vergangenen Jahrhundert, *Weltbester Papa* steht.

Dann fische ich einen kleinen Zettel und einen grünen Filzstift aus dem Rucksack, hab aber keine Ahnung, was ich schreiben soll. Am Ende male ich nur ein kleines Herz. Mit ein paar winzigen Notenschlüsseln drum herum.

Den Zettel lege ich neben die Kanne, den Becher und die Tageszeitung.

Den ganzen Weg zähle ich meine Schritte. Der erste Schultag nach den Herbstferien.

In der Klasse setze ich mich an meinen Platz. Blicke auf die Uhr an der Wand und bereue, dass ich heute Morgen keine ganze Kanne Kaffee für mich allein gekocht habe. Bis Norwegisch anfängt, gähne ich vor mich hin, versuche dann, dem Unterricht zu folgen, doch die meiste Zeit schiele ich zu Mie, meiner allerbesten Freundin am anderen Ende des Klassenzimmers.

Meine allerbeste Freundin, die heute Morgen vergessen hat, mir Hallo zu sagen. Die seit Beginn des Schuljahrs im August eine neue beste Freundin hat. Mitra und Mie sitzen da wie aneinandergeklebt, als wäre es niemals anders gewesen.

Ich warte darauf, dass Mie in meine Richtung sieht, aber vergebens. Also schaue ich irgendwann aus dem Fenster, zu verlassenen Schaukeln, Bäumen im Wind und durch die Luft wirbelnden Blättern. Ich starre auf alles, was man anstarren kann, während die Stimme von Trine, unserer Norwegischlehrerin, immer leiser wird und schließlich verstummt.

»Sanna?«, höre ich plötzlich. Ich öffne die Augen, im Klassenzimmer ist es mucksmäuschenstill, und Trine sitzt mit schief gelegtem Kopf vor meinem Tisch in der Hocke.

»Oh Gott, tut mir leid!«, sage ich und raffe schnell meine Sachen zusammen. Wie spät ist es eigentlich? Welches Fach kommt als Nächstes?

»Macht doch nichts, Sanna«, sagt Trine lächelnd.

»Müde heute? Ist immerhin der erste Tag nach den Ferien!«

»Ja. Oder nein. Doch. Ein bisschen vielleicht. Nein, also, alles in Ordnung. Ehrlich.«

Ein einfaches Ja oder Nein hätte wohl gereicht. Mein Bauch grummelt von dem Riesenbecher Kaffee.

Trine lächelt mich immer noch an, und auf ihrem Gesicht erscheinen kleine Grübchen. Die sind mir bis heute nie aufgefallen.

Irgendwas in Trines Blick lässt eine Erinnerung in mir aufblitzen, und plötzlich fühlen meine Wangen sich ganz warm an, wie in der Sommersonne, wie damals auf der Bergtour mit Mie. Ein ganzes Jahr ist das jetzt her, aber egal.

»Bist du sicher?«, fragt Trine und legt mir eine Hand auf die Schulter.

»Ganz sicher«, antworte ich und schaue unwillkürlich zu Boden.

Als hätte ich Angst, dass Trine sonst sieht, was mir durch den Kopf geht.

Ich packe meine Sachen zusammen und gehe los. Spüre Trines warmen Blick im Nacken, bis zur letzten Stunde und den ganzen Weg bis nach Hause.

Papa sitzt in der Küche und starrt ins Leere, die Hände um seinen Becher gelegt. Ich schalte die Kaffeemaschine aus, weil es schon ganz verbrannt riecht. Dann frage ich Papa nach seinem Tag. Keine Antwort. Als ich den halb vollen Becher aus seinem Griff löse, merke ich, dass der Kaffee längst kalt ist. Wie lange sitzt Papa schon so da?

»Papa?«, frage ich, und da schaut er zu mir hoch. Seine Augen sind dunkel. Kein Grau, kein Grün, kein Blau. Keine Farbe. Was geht in ihm vor, wenn er hier den ganzen Tag allein ist?

»Was hältst du von Fischstäbchen zum Abendessen?«, frage ich und hole eine Packung aus dem Gefrierfach. Im Küchenschrank finde ich außerdem ein Paket Kartoffelbreipulver. Das Verfallsdatum war im Juni, aber ich schätze, das macht nichts.

»Was meinst du?«, frage ich und halte Papa die Packung unter die Nase. »Mit viiiel Ketchup!«

Mit einem Ruck steht Papa auf und verlässt die Küche. Ich vermische das Pulver mit Butter und Milch, lasse eine Pfanne heiß werden und lege die Fischstäbchen hinein. Sofort beginnt es zu brutzeln, und ich schalte eine Stufe runter, damit nichts anbrennt.

Ich finde Papa auf dem Sofa. Er starrt vor sich hin, auf den schwarzen Fernseher und das Bild dahinter an der Wand. Das Bild von ihm, Mama und mir. Ein Schnappschuss aus dem Sommer, in dem wir mit dem Auto quer durchs Land gereist sind.

Ich weiß nicht, was ich Papa noch sagen kann, was ich nicht schon gesagt habe. Am liebsten würde ich

ihn hochheben, ihn an den Schreibtisch setzen und ihm einen Bleistift in die Hand drücken – wie bei einem kleinen Kind.
»Schau mal!«, würde ich sagen. »Ein Bleistift! Willst du nicht etwas schreiben?«
Dann wäre er erst mal beschäftigt.
Aber stattdessen wende ich mich zum Regal um, befreie den Plattenspieler mit der Hand von Staub und schalte ihn ein. Dann gehe ich die Plattensammlung durch, die fast ausschließlich aus Alben von Kent, einer schwedischen Rockband, besteht. Mama war ein Riesenfan, genauso wie Papa, und ich mag sie auch ziemlich gern, obwohl wahrscheinlich sonst niemand in meinem Alter Kent hört.
Am Ende ziehe ich eine der älteren Platten aus dem Regal und lege sie auf.
»Pass auf!«, rufe ich Papa zu. »An die erinnerst du dich bestimmt!«
Ich tue das jedenfalls. Erst knistert es leise, dann dringt aus dem Lautsprecher wunderschöne Musik. Gitarre, Schlagzeug, Gesang. Ich schließe die Augen und sehe sie vor mir. Papa und Mama. Sie kommen gerade von einem Konzert zurück. Für mich hatten sie einen Babysitter organisiert. Ich stehe kerzengerade im Bett, in dem dunkelblauen Schlafanzug mit Sternen drauf. Papa setzt sich auf die Bettkante und erzählt mir haarklein, welche Songs gespielt wurden, während Mama sich kämmt und gähnt.

»Das können wir doch alles morgen noch erzählen, Mikkel«, sagt sie, aber da reißt Papa die Arme in die Luft, schwingt sie hin und her und singt aus vollem Hals mit.

»Das war das beste Konzert der Welt«, sagt er. Eigentlich hat er das nach allen Konzerten gesagt, aber ich habe ihm trotzdem jedes Mal geglaubt.

»Es war magisch. Man konnte die Stimmung förmlich greifen!«

Ich weiß noch, dass ich mich gefragt habe, was er damit meint. Wie man eine Stimmung greifen kann.

Ich drehe mich wieder zu ihm und denke daran, wie glücklich die Musik ihn früher gemacht hat. Aber jetzt starrt er zu Boden und scheint gar nichts von dem Song mitzubekommen.

Schritt für Schritt schleiche ich aufs Sofa zu, bewege mich im Takt, nehme Papas Hände und ziehe ihn zu mir. Es geht ganz leicht, obwohl er mir nicht mal in die Augen sieht.

Komm, lass uns weg von hier,
irgendwo hin,
weit weg von hier,
lass uns die sein, die verschwunden sind.

Ich singe, auch wenn Papa stumm bleibt. Schließe die Augen und stelle mir vor, wir wären auf einem Konzert. Mein Herz wird größer und meine Wangen werden warm, der Himmel öffnet sich, und hinter den Wolken blitzt die Sonne hervor. Und plötzlich merke ich, dass ich die Stimmung greifen kann, dass sie magisch ist – *das* muss Papa damals gemeint haben. Jokke Berg, der Sänger von Kent, hat beim Singen diesen sehnsuchtsvollen Blick, und ich singe mit. Papa, Jokke und ich.

Aber hier im Wohnzimmer sind nur Papa und ich, allein. Papa, der sich aus meiner Umklammerung löst, die Musik runterdreht und sich an den Schreibtisch setzt.

Den Rest des Abends schreibt Papa. Ich störe ihn nicht.
Irgendwann höre ich, wie er ins Bad geht und danach die Schlafzimmertür zuzieht.
Ich lege mich auch hin, kann aber nicht einschlafen. Also greife ich nach meinem Handy, mache Instagram auf und sehe als Erstes, dass Mie und Mitra nach der Schule in der Stadt waren. Sie haben Storys gepostet, in denen sie Kakao trinken, mit Herbstfilter und allem Drum und Dran.
Dabei ist Mitra so ziemlich die Letzte, die einen Filter nötig hat.
Ich drücke das Handy an die Brust, schaue an die Decke. Denke an die Zeit, als wir noch unzertrennlich waren, Mie und ich, vom allerersten Schultag an.
Es begann damit, dass ich sie angestarrt habe.
Ich sah sie am anderen Ende des Schulhofs, mit ihrem braunen Teddy-Rucksack, drei Zöpfen und einer Riesenzahnlücke. Ich starrte auf ihre braunen Haare, ihre um die Rucksackträger geschlossenen

Finger, ihre roten Lackschuhe, mit denen sie Steinchen vor sich her kickte.

»Warum glotzt du so?«, fragte sie und kam auf mich zu.

Von da an waren wir Freundinnen. Beste Freundinnen, bis zum Ende der Neunten, bis zu dem Tag, an dem Mitra kurz vor den Sommerferien auf unsere Schule kam, sich neben Mie setzte und alles anders wurde – für mich jedenfalls.

Ob Mie überhaupt merkt, dass sich etwas verändert hat, dass wir fast gar nichts mehr zusammen unternehmen? Denkt sie genauso selten darüber nach, wie sie mir jetzt morgens Hallo sagt?

Ich nehme wieder mein Handy und lese mir jede einzelne unserer Nachrichten durch.

Seit den Sommerferien frage immer nur ich, ob wir uns mal wieder treffen. Mie antwortet zwar meistens, dass sie Zeit hat, aber im Gegensatz zu früher benutzt sie keine Emojis mehr. Die letzten hat sie als Antwort auf eine Nachricht geschickt, in der ich sie wie immer »Mama Mie« genannt und mit »Sanna Sonne« unterschrieben habe – zwei Tänzerinnen im roten Kleid, eine blond, eine dunkelhaarig.

Ich mache Snapchat auf. Mie hat Snaps gepostet, in denen Mitra und sie Kakao trinken und danach mit der Straßenbahn fahren. Offensichtlich muss man in öffentlichen Verkehrsmitteln neuerdings die Finger zu Peace-Zeichen hochstrecken und einen Hau-

fen Selfies machen, die man mit reichlich Emojis und coolen Filtern pimpen kann.
»M'n'M« steht auf einem Bild. Klingt natürlich besser als »M und S«.
Ich tippe eine Nachricht ein.

Hey ☺ Treffen wir uns bald mal wieder? ☺ ☺

Aber ich drücke nicht auf Senden. Stattdessen richte ich mich im Bett auf, knipse die Nachttischlampe an und starre eine gefühlte Ewigkeit auf meine Frage. Als würde ich darauf warten, dass Mie mir zuvorkommt, dass sie sich entschuldigt, dass sie schreibt, sie vermisse mich, ein Nachmittag mit Mitra, Kakao und Herbstfilter sei viel langweiliger, als sich mit mir zu treffen. Aber es kommt keine Nachricht, und am Ende drücke ich doch auf Senden und lasse das Handy schnell unterm Kopfkissen verschwinden. Dann schleppe ich mich ins Wohnzimmer, schüttle die Sofakissen auf, falte die Decke zusammen, räume ein paar Bücher ins Regal.

Als ich einen Blick auf die Uhr werfe, merke ich, wie spät es inzwischen ist. Ich bin müde, aber schlafen will ich noch nicht. Also verschwinde ich in meine Gedanken, in die Bilder in meinem Kopf. Wache Nächte mit Mie, die immer zu kurz waren, weil wir so viel zu bequatschen hatten. Nie war es so still zwischen uns, wie es jetzt ist.

Nach einer Weile schleiche ich in mein Zimmer zurück. Die Nachricht ist als gelesen markiert.

Seufzend drehe ich mich um und gehe in die Küche, räume leise sämtliche Teller und Gläser aus dem Schrank, wische die Regalböden ab und stelle alles wieder zurück. Auf dem Weg durchs Wohnzimmer komme ich an Papas Schreibtisch vorbei und knipse das Licht an. Am liebsten würde ich hier auch ein bisschen Ordnung schaffen, aber ich starre nur auf den Zettelberg, vollgeschriebene Blätter, übersät mit Kaffeeflecken und Radiergummispuren.

Papa und die Wörter, über die ich nichts weiß.

Plötzlich höre ich ein schwaches Summen – mein Handy! Ich schalte das Licht aus, rase in mein Zimmer und greife unters Kissen.

Klar. Freitag?

Am liebsten würde ich mit hundert Emojis antworten.

Mie verdreht die Augen. Es ist Freitagabend, und wir sind bei ihr. Sie erzählt, wie anstrengend es ist, die Hälfte der Zeit bei ihrer Mutter und die andere bei ihrem Vater zu sein. Bei ihrer Mutter, die kaum zu Hause ist. Bei ihrem Vater, der nicht mal so tut, als würde er sich für sie interessieren.

Ich überlege, wie es wäre, wenn ich mich auch zweiteilen würde. Wenn ich mal bei Papa, mal bei Mama wäre. Halb lebendig, halb tot.

»Und ständig machen sie mir ein schlechtes Gewissen, wenn ich zu dem anderen gehe – obwohl das doch die Abmachung ist. Obwohl sie eigentlich einen Scheiß darauf geben, wo ich bin.«

Während sie redet, schaut sie mich nicht ein einziges Mal an. Ihr Blick klebt die ganze Zeit an ihrem Handy, sie drückt auf dem Display herum, und ihre Augen flackern hin und her.

Ich lächle und nicke mechanisch wie eine Puppe. Wende den Blick nicht eine Sekunde von ihr ab, für den Fall, dass sie doch noch von ihrem Handy aufschaut. Sie soll merken, dass ich sie sehe, dass ich mir Mühe gebe, dass ich immer noch ihre Freundin bin.

»Klingt echt anstrengend«, sage ich.

Mie reagiert nicht.

»Auch wenn ich da natürlich nicht mitreden kann«, füge ich hinzu und lache leise, merke aber sofort, wie bescheuert es klingt. Am liebsten würde ich ihr sagen: Du *hast* wenigstens eine Mutter. Eine Mutter, die rummeckert und nervt und sich Sorgen macht. Ich will ihr sagen, dass eine überbesorgte Mutter immer noch besser ist als eine, die unter der Erde liegt und langsam verfault, weil ihr Herz aufgehört hat zu schlagen. Deren Haare und Nägel nicht mehr wachsen, weil das nur ein Mythos ist.

Dass eine rumnervende Mutter besser ist als ein Vater, der höchstens noch dazu imstande ist, ab und zu einen Bleistift über ein Blatt Papier wandern zu lassen.

Aber stattdessen sitze ich stumm da und denke an Mitra, die bestimmt viel bessere Ratschläge auf Lager hat als ich. Und wenn ich mich nicht täusche, bekommt Mie sie in genau diesem Augenblick serviert – deshalb ist sie pausenlos mit dem Handy beschäftigt.

Ich sehe mich im Zimmer um und denke daran, dass ich schon mindestens tausend Mal hier war. Im Regal stehen weniger Bücher als früher. Eine Wand ist jetzt in einem dunklen Lilaton gestrichen und mit Postern beklebt, auf denen Menschen abgebildet sind, die ich nicht kenne. Musiker? Bands? Schauspieler? Keine Ahnung. Ich denke an die Brettspiele, die Mie früher hatte, die Spielzeugautos und Puppen und Buntstifte, die auf dem Boden verstreut lagen, wenn ich zu Besuch war. An unsere Lachkrämpfe und durchgemachten Nächte mit Süßigkeiten, Chips und Limo. Ich wünschte, ich könnte sagen, wann und warum das aufgehört hat.

Ich schaue zu Mie, die Selfies macht, grinsend und Grimassen schneidend.

»Mitra wirkt nett«, sage ich plötzlich und bereue es sofort.

Endlich blickt Mie von ihrem Handy auf. Ihr Grinsen verschwindet, und ihre Augenbrauen schnellen nach oben wie bei einer Zeichentrickfigur.

»Äh, ja?«, antwortet sie und guckt mich baff an.

Ich nicke. »Cool.«

Und schon starrt sie wieder auf ihr Handy.

Zwischen dem Klingelschild der Familie Schistad in der Vallegata und dem der Familie Waage in der Herman Foss' gate liegen gut siebenhundert Schritte. Das habe ich nachgezählt, ungefähr tausend Mal. Ich gehe durch den Park, vorbei an dem braunen Blockhaus, das Bärenhaus genannt wird, an Bäumen und Rasenflächen. Ich hole mein Handy heraus und checke Snapchat und Instagram, um zu sehen, ob Mie etwas gepostet hat, ob sie der Welt mitteilt, dass wir uns getroffen haben, ob sie unseren Abend in hundert Emojis zusammenfasst. Aber ich sehe nur, dass sie Mitra und Jahaira in ein paar lustigen Facebook-Videos markiert hat.

Erst als ich in den Geitmyrsveien biege, merke ich, wie spät es ist. Aber Papa hat eh nichts gemerkt, das weiß ich. Hauptsache, ich habe ihn den ganzen Abend nicht gestört.

Als ich das Wohnzimmer betrete, dauert es einen Moment, bis ich ihn entdecke.

»Hallo«, sage ich, aber Papa reagiert nicht. Er sitzt auf dem Sofa und schaut Nachrichten. Ich frage mich, wie viel er überhaupt mitbekommt.

Gar nichts, schätze ich.

»Nacht«, sage ich und gehe in mein Zimmer.

Dann scrolle ich noch mal Mies Nachrichten durch.

Die letzte SMS vor den Sommerferien lese ich immer und immer wieder.

Die Neue ist ja soooooo überzeugt von sich! Whatever, freu mich schon auf unsere nächste Übernachtungsparty. Bald sind Ferien! <3 Drück dich, Mama Mie

Die Neue. Tja, ganz so schlimm war sie dann wohl doch nicht.

Als ich am Montagmorgen in die Klasse komme, sitzt Mie auf dem Pult und baumelt mit den Beinen. Natürlich neben Mitra.

Mitra, das hübscheste Mädchen der Stufe, wenn nicht sogar der Schule. Die Erste in unserer Klasse, die sich *richtig* schminkt. Rosafarbener Lippenstift, schwarzer Lidstrich. Wenn sie lacht, wirft sie immer ihre glänzenden schwarzen Haare zurück. Als würde sie rund um die Uhr in einem Werbespot mitwirken und einen Kosmetikartikel anpreisen, von dem in Wahrheit kein Mädchen so hübsch wird wie sie.

Ich fasse mir ein Herz und gehe auf die beiden zu, die Fäuste fest um die Rucksackträger.

»Hey, Mama Mie«, sage ich, weil wir uns am Freitag getroffen haben und weil ich sie schon viel zu lange nicht mehr so genannt habe. Aber Mie starrt mich an, als hätte ich mir keine schlimmere Begrüßung einfallen lassen können.

Mitra antwortet für sie.

»Na, du«, sagt sie laut und selbstsicher, als wäre

sie der Mittelpunkt der Welt, was sie wahrscheinlich auch ist. Ich hätte die beiden einfach nicht stören sollen. Mitra mustert mich von oben bis unten, meine weißen Sneaker, die blaue Jeans, den gelben Pulli, und gibt mir das Gefühl, dass ich etwas komplett anderes tragen sollte. Vor allem der Pulli scheint ein Fehlgriff zu sein. Mitra rümpft die Nase, als fände sie ihn hässlich oder zu kindlich.

Dann schaut sie mir in die Augen.

Ich zucke zusammen und starre schnell auf meine Schuhe. Die Schnürsenkel müsste ich dringend mal wieder in die Waschmaschine stecken.

Dann klingelt es, und es kommt mir vor, als würde das Geräusch den ganzen Raum erfüllen. Mie und Mitra stehen auf und schlängeln sich an mir vorbei. Nach und nach kommen die anderen, gefolgt von unserem Englischlehrer. Ich höre, wie Rucksäcke und Etuis geöffnet werden, Kugelschreiber werden rausgeholt, Bleistifte, Radiergummis, Filzstifte, Bücher, Notizblöcke, Stühle scharren über den Boden, Reiß- und Klettverschlüsse ratschen, Regen prasselt gegen die Fenster, und dann:

»Sanna? Are you ever going to sit down?«

Die ganze Stunde über starre ich aus dem Fenster. Erst als kurz vorm Klingeln die Tür aufspringt, richte ich mich auf. Der Rektor tritt in den Raum, zusammen mit einem Jungen, den ich nie zuvor gesehen habe. Der Fremde sieht sich mit großen braunen Augen um und zieht erst die Tür hinter sich zu, als unser Englischlehrer »Yes, welcome!« sagt.

Von rechts höre ich Flüstern und Kichern. Mitra rutscht unruhig auf ihrem Stuhl herum, schlägt sich die Hand vor den Mund und reißt die Augen weit auf. Ich sehe wieder nach vorn, zu unserem Lehrer und dem fremden Jungen, dann noch mal zu Mitra. Ich versuche mir vorzustellen, was in ihr vorgeht. Sie fächelt sich Luft zu, als hätte sie einen Herzinfarkt.

»Yousef has moved here from Romsås, just a little bit late after school starting in August«, sagt unser Englischlehrer in grausigem Englisch. »But just in time for the Große Pause!«, fügt er hinzu und lacht herzhaft über seinen eigenen Witz.

Während er weiterredet, betrachte ich Yousef.

Abgesehen von großen braunen Augen hat er mit Wachs gestylte dunkle Haare. Er trägt einen Hoodie, Jeans und Sneaker. Um seinen Hals baumeln Kopfhörer, und über der Schulter hängt ein Rucksack. Eine Hand hat er in die Hosentasche gesteckt, in der anderen hält er eine Jacke. Ab und zu blickt er auf und nickt, während unser Englischlehrer einen Vortrag über Yousefs Umzug und den spontanen Schulwechsel hält. Als Yousef gefragt wird, ob er sich darauf freut, hier zu sein, antwortet er mit Ja.

Schließlich steuert er auf den einzigen freien Tisch zu, den Tisch vor meinem. Er hängt den Rucksack über die Stuhllehne, sieht sich kurz um und setzt sich.

Schon in der Fünfminutenpause wird er von der gesamten Klasse belagert. Alle bestaunen ihn wie eine soeben an den Strand gespülte Flaschenpost. Die Jungs, die Mädchen, alle wollen Yousef begrüßen, aber Mitra ist natürlich die Erste, dabei hätte ich mich nur zu ihm vorbeugen müssen.

Ich stehe auf, um dem Gedränge zu entkommen, gehe in den Flur, verstaue mein Englischbuch im Spind und sammle meine Mathesachen zusammen. Als ich zurückkomme, drängen sich immer noch alle um Yousefs Tisch.

Der Ärmste.

Ich schätze mal, Mitra hat ihn noch vor Mathe um den kleinen Finger gewickelt. Bei dem Gedanken, wie schnell sie so was schafft, spüre ich ein Stechen im Bauch. Mitra bekommt, was wie will, und sie muss sich nicht mal dafür anstrengen. Erst hat sie sich Mie geschnappt, jetzt ist der Neue dran. Mitra will alles!

Wäre sie ein Emoji, dann das mit den Riesenherzchenaugen.

Yousef nickt und lacht über irgendeinen Spruch von Henrik.

Mein Gott, ist der süß.

In der letzten Stunde erzählt Trine irgendwas von Substantiven, Verben und Adjektiven. Vom Gebrauch des Präsens in Erzählungen und Glossen.

»Das ist eure nächste Hausaufgabe«, sagt sie und trinkt einen Schluck von ihrem Kaffee, der nach Papa riecht. Mein Magen meldet sich mit einem lauten Grummeln. Trine sieht in meine Richtung, aber ich drehe mich schnell weg und schaue zu Mie und Mitra.

Mie lacht über alles, was Mitra sagt. Sie haben ihre Handys unterm Tisch und zeigen kichernd auf die Displays. Jedes Mal, wenn Mitra sich vorbeugt, wirft sie ihre Haare zurück, und zwischendurch blickt sie kurz auf, um sicherzugehen, dass Trine nichts merkt.

Yousef sitzt immer noch genau vor mir. Ich sehe seine feinen Locken, die er offensichtlich mit Wachs zu bändigen versucht, den Wirbel an seinem Hinterkopf. Ich stütze das Kinn in die Hand, und als Yousef sich vorbeugt und in sein Buch schaut, versinke ich in seinem Nacken.

Aber dann dreht er sich plötzlich zu mir um und blickt mich fragend mit seinen braunen Augen an. Tausend Antworten schwirren mir durch den Kopf, die ich ihm gern geben würde. Dann merke ich, dass Trine auch zu mir sieht. Langsam richte ich mich auf.

Die ganze Klasse starrt mich an.

»Hä?«, frage ich ein bisschen zu laut.

Im nächsten Moment dröhnt mir das Lachen der anderen in den Ohren. Ich spüre ihre Blicke, als stünde ich splitternackt auf einer Bühne.

Ich blinzle zu Mie, die vielleicht als Einzige nicht lacht. Sie sieht eher so aus, als würde sie sich schämen und bereuen, dass sie am ersten Schultag zu mir gekommen ist. Als wäre sie niemals meine Freundin geworden, wenn sie damals schon gewusst hätte, dass ich mal die werde, die ich heute bin. *Mama Mie* hallt es wie ein Echo durch meine Gedanken, ich wünschte, ich könnte die Zeit zurückdrehen.

Trine legt einen Finger an die Lippen und wartet, bis sich alle beruhigt haben. Dann wiederholt sie ihre Frage. Ob der Text, den wir lesen sollten, »in medias res« gehe.

Ich schüttle den Kopf. Keine Ahnung, wovon sie da redet.

Trine gibt die Frage weiter, und ich lege den Kopf auf den Tisch und will nur noch, dass es endlich klingelt.

Während die anderen anfangen, ihre Sachen zusammenzupacken, stürme ich schon nach draußen.

Es hat den ganzen Tag geregnet, der Boden ist nass und glitschig und von noch viel glitschigeren Schnecken bevölkert. Als ich die Tür zu unserem Innenhof aufschließe, höre ich schon den Nachbarskater miauen. Eine Sekunde später kommt er angetrippelt und streicht mir um die Beine.

»Ich kann dich nicht reinlassen, Sven«, sage ich und beuge mich zu ihm runter. »Du wohnst nebenan, das weißt du doch?«

Ich hebe ihn hoch und drücke mein Gesicht in sein flauschiges rotes Fell.

Sven miaut mir ins Ohr und schleckt mir über die Wange, bevor er runterspringt und es sich dann herzhaft gähnend auf einer Bank gemütlich macht. Ich schließe die Tür zu Aufgang A auf, fische ein paar Werbebroschüren aus dem Briefkasten und gehe nach oben.

Papa liegt im Bett. Neben der Brille auf dem Nachttisch steht ein leerer Kaffeebecher, und am Fußende türmt sich ein großer Kleiderberg. Ich ziehe ein paar Teile raus, schnuppere daran und lasse sie dann schnell in den Wäschekorb wandern.

Ich wünschte, Papa würde so was selbst machen. Seine Klamotten zusammenlegen, waschen, für Ordnung sorgen. Es kann höchstens eine Woche her sein, dass ich hier drinnen aufgeräumt habe, trotzdem herrscht schon wieder Chaos.

Ich seufze und kümmere mich um die Klamotten, die vor dem offenen Kleiderschrank auf dem Boden liegen. Falte sie zusammen, bis nichts mehr übrig ist.

Als ich vor Mamas Schrankseite stehe, möchte ich am liebsten mit ihren Sachen weitermachen, obwohl das gar nicht nötig ist. Mit einer schnellen Bewegung befördere ich ihre Klamotten auf den Boden. Als der Schrank leer ist, fällt mein Blick auf einen Gegenstand in der hintersten Ecke.

Das Päckchen muss fast ein ganzes Jahr hinter Mamas Klamotten gelegen haben. Es ist mit einem kleinen Zettel versehen, darauf steht »Sanna, 14«. Während ich das Geschenkpapier abreiße, spielt mein Herz ein Schlagzeugsolo. Einen Moment später halte ich eine funkelnagelneue Kamera in der Hand. Sie ist schwarz und silbern, mit einem großen Objektiv und einem schwarzen Umhängeband. Ich schalte sie ein und öffne den Wiedergabemodus. Auf dem Display erscheint ein Bild, offenbar das einzige, das mit der Kamera aufgenommen wurde: ein Selfie von Mama. Mit dunklen Schatten unter den Augen und einem Lächeln, das mich an die Zeit vor ihrer Krankheit erinnert. Sie hält ein Blatt Papier vor sich:

Herzlichen Glückwunsch, Sannalein! Mama liebt dich, für immer ♥

Ich muss schlucken und schalte die Kamera schnell wieder aus. Mein Herzschlag füllt das ganze Zimmer, und ich spüre ein Ziehen im Magen. Es ist, als würde ich Anlauf nehmen, um in einen Abgrund zu springen, hundert Meter in die Tiefe.

Ich erinnere mich an die Kamera, die Mama sich etwa ein Jahr vor ihrem Tod gekauft hat. Sie war ziemlich teuer, *zu* teuer, fand Papa, aber Mama war anderer Meinung.

»Du darfst nie vergessen, die Schönheit der Welt zu sehen, Sanna.«

Ich war gerade von einem Wochenende bei Mie zurückgekommen, saß in der Küche und verdrückte einen ganzen Berg Pfannkuchen. Mama schwirrte um mich herum, sie hatte bestimmt schon hundertfünfzigtausend Bilder von mir geknipst.

»Alles klar. Hauptsache, du hörst jetzt endlich auf«, sagte ich und hielt mir die Hände vors Gesicht, nachdem sie genau ein Foto zu viel gemacht hatte. Ich holte mein Handy aus der Tasche und zeigte ihr Bilder vom Wochenende, Selfies mit Mie.

Mama schüttelte nur den Kopf.

»Ich meine eher was anderes«, sagte sie zögernd. »Ich will, dass du die Welt *siehst*. Und dich an sie erinnerst.«

»Ich *sehe* die Welt, Mama«, antwortete ich und zeigte demonstrativ auf meine Augen. Dann warf ich einen schnellen Blick auf meinen letzten Instagram-Post und freute mich über die ersten Likes. »Ich bin ja nicht blind.«

Mama lachte. Sie setzte sich hin, schlug die Beine übereinander, und während ich noch mehr Pfannkuchen mit Blaubeermarmelade in mich hineinschlang, erzählte sie mir von der Welt, die sie aus dem Wohnzimmerfenster sah.

Von dem vierjährigen Nachbarsmädchen mit den roten Gummistiefeln, das selbst in die kleinsten Pfützen hüpfte und lauthals lachte, wenn das Wasser an ihr hochspritzte.

Von dem Briefträger, der jeden Tag bei uns im Innenhof Pause machte. Einmal hatte er sich mit einem Softeis mit Lakritzstreuseln auf eine Bank gesetzt und übers Handy Musik gehört, erschöpft, aber zufrieden.

Ich weiß noch, dass ich es ein bisschen komisch fand, dass Mama sich solche Sachen merkte. Komisch und, ja, irgendwie überflüssig. Wen kümmerten schon der Briefträger und das kreischende Nachbarsmädchen?

Aber Mama erzählte weiter, von Dingen, die sie jetzt wahrnahm und die ihr früher nie aufgefallen waren. Erst dachte ich mir nichts dabei, aber nach einer Weile fing ich auch an, die Welt um mich herum mit anderen Augen zu sehen. Vor allem Mama. Ihre Haut war plötzlich blass und nicht mehr so sonnengebräunt wie früher, die Haare hingen ihr schlaff auf die Schultern.

Mama in ihrer roten Jacke, mit Thermoskanne und Hotdog bei einer Bergwanderung.

Mama mit einem Kranz aus Huflattich, grasgrünen Fingern und lachenden Augen.

Mama am Strand, mit einem dicken Buch im Schoß unter einem Sonnenschirm.

Mama mit geschlossenen Augen auf dem Sofa, in eine Decke eingekuschelt, im Hintergrund Musik vom Plattenspieler.

Vorsichtig nahm ich ihr die Kamera aus den Händen und knipste selbst ein paar Bilder.

Klick, klick, klick.

Ich fotografierte. Bis wir die Kamera wieder verkaufen mussten. Papa hatte recht, sie war zu teuer. Und Mama würde sie bald eh nicht mehr benutzen können.

Mama, meine Mama. Ich seufze. Hatte sie mir tatsächlich eine Kamera gekauft? Eine Kamera nur für mich? Ich glaube, sie wollte, dass ich die Welt weiterhin sehe, auch ohne sie.

Plötzlich gibt Papa im Schlaf ein Brummen von sich und reißt mich aus meinen Gedanken.

Ich falte Mamas Sachen zusammen, aber bevor ich sie in den Schrank räume, schnuppere ich an jedem einzelnen Teil. Sie riechen immer noch nach ihr.

Am nächsten Tag nehme ich die Kamera mit in die Schule. Zwischen den Stunden hole ich sie aus dem Rucksack, wiege sie einen Moment lang in den Händen und überlege, was ich fotografieren will, bei welchem Motiv meine ganz eigene Kamera das erste Mal Klick machen soll. Ich schaue zum Fenster, sehe unzählige Motive dort draußen, Dinge, die ich sonst nie wahrnehme, aber als ich in der großen Pause mit der Kamera in die klare Herbstluft hinausgehe, bin ich wie erstarrt.

Ich kann einfach nicht auf den Auslöser drücken.

Gesellschaftslehre findet heute in der Bibliothek statt. Ich fange mit einem Aufsatz über die Menschenrechtserklärung an, aber dann starre ich die meiste Zeit vor mich hin. Zu Yousef, der mit Marius und Henrik zusammensitzt. Zu Mitra, Mie und Helena am Tisch daneben, die immer wieder in seine Richtung schielen.

Dann fällt mein Blick auf das Regal neben den Jungs. *Kunst, Architektur und Fotografie,* steht da unter den Zahlen *18.29-4.* Leise gehe ich rüber und fange an, in den Fotografiebüchern zu blättern. Plötzlich steht der Bibliothekar neben mir.

»Brauchst du vielleicht Hilfe?«, flüstert er. Unter den kurzen Ärmeln seines Ringelshirts schauen tätowierte Arme hervor. Dafür, dass er kaum Haare auf dem Kopf hat, ist sein Bart umso buschiger. Mama hätte jetzt gesagt, er sei in einem früheren Leben bestimmt Seemann gewesen. Dann hätte sie ein Foto von ihm gemacht.

»Ja«, sage ich und merke dann, dass ich überhaupt nicht weiß, wonach ich suche.

Also erkläre ich ihm, ich hätte eine Kamera bekommen und würde gern lernen, wie man sie richtig benutzt.

»Oh, spannend!«, sagt er, fährt sich mit der Hand über den Bart und geht dann mit mir das Regal durch.

Als ich mich kurz zu den anderen umdrehe, schaut Yousef zu mir herüber, und ich werde sofort knallrot.

»Wie wär's mit dem?«, fragt der Bibliothekar und zieht ein dickes Buch aus dem Regal. *Die Kunst der Fotografie – Finden Sie Ihren fotografischen Ausdruck* steht in großen Buchstaben auf dem schwarzen Umschlag.

Er reicht mir das Buch, aber als ich es aufschlage, verstehe ich nur Bahnhof. *Blende, Verschluss, ISO, Histogramm, Outdoor-Fotografie, kreative Belichtung ...* hat Mama *das* mit »die Welt sehen« gemeint?

Der Bibliothekar schaut mir neugierig über die Schulter und liest mit.

»Das ist perfekt, danke«, sage ich, obwohl ich so meine Zweifel habe, dass das stimmt.

Er nickt und schlurft mit seinem Bücherwagen weiter.

Yousef sieht immer noch in meine Richtung. Als sich unsere Blicke treffen, bin ich fest davon überzeugt, dass er jeden Moment wegschaut, aber das tut er nicht, und da drehe ich mich schnell weg.

Ich blättere weiter in dem Buch, in dem jede Menge

hübsche Bilder von Tieren, Gebäuden und Menschen abgedruckt sind, aber viel schlauer werde ich daraus trotzdem nicht. Vielleicht mache ich mir viel zu viele Gedanken. Mama hätte jetzt bestimmt gesagt, ich solle einfach nach draußen, auf den Auslöser drücken und drauflos fotografieren. Keine Ahnung, was mich blockiert. Ich hab es doch früher hinbekommen – mit Mama als Motiv.

Erst als es klingelt, fällt mir wieder der Aufsatz über die Menschenrechtserklärung ein. Alle fangen an, ihre Sachen zusammenzupacken, und gerade als ich meine Kamera in den Rucksack stecke, höre ich hinter mir eine Stimme.

»Coole Kamera«, sagt Yousef.

Ich drehe mich um und begegne den braunsten Augen im Universum.

»Hey ... ja«, stammele ich, mein Mund ist plötzlich ganz trocken. »Oder ... keine Ahnung. Ich hab nicht ... also, ich hab sie noch nicht ausprobiert.«

Ich merke, dass ich schon wieder rot werde.

»Echt? Warum nicht?«, fragt er und legt den Kopf schief.

»Ich hab das richtige Motiv noch nicht gefunden«, antworte ich und weiß nicht, wo die Wörter herkommen. Aber es stimmt ja. Ich weiß tatsächlich nicht, was ich fotografieren soll.

»Ah«, sagt er und nickt nachdenklich. »Suchst du deshalb einen Fotoratgeber?«

Er nimmt mir das Buch aus der Hand und blättert darin.

»Äh, ja, ein bisschen albern, ich weiß. Aber ich stecke irgendwie fest.«

»Du kannst doch fotografieren, was du willst«, sagt Yousef. »Was. Du. Willst. Aber egal, das ist nicht das richtige Buch für dich.«

Er legt es auf den Tisch.

»Nicht?«, frage ich zögernd.

»Nee, viel zu theoretisch. Ich hab ein richtig gutes Buch zu Hause. Wenn du willst, bring ich's dir mit.«

Ich merke, wie meine Hände feucht werden.

»Fotografierst du auch?«, frage ich und bereue es sofort. Natürlich tut er das. Warum sonst hätte er dieses Buch , das er mir leihen will!?

Yousef lächelt. Mit den Augen, den Lippen, mit dem ganzen Gesicht.

»Na klar. Kannst mir ja auf Insta folgen, vielleicht inspiriere ich dich«, sagt er mit einem Zwinkern.

Ich schaue zu ihm hoch, senke aber sofort wieder den Blick. Wie kann er dermaßen braune Augen haben?

Bevor ich gehe, stelle ich das Bibliotheksbuch ins Regal zurück.

In Mathe hole ich unterm Tisch mein Handy aus der Tasche. Ich will Yousef bei Instagram suchen, aber noch bevor ich dazu komme, schickt er mir eine

Nachricht über den Messenger und eine Freundschaftsanfrage bei Facebook. Als ich kurz hochschaue, sehe ich, wie Yousef auch auf seinem Handy herumwischt. Ich nehme die Freundschaftsanfrage an und öffne die Nachricht.

> Yo! Insta @yousefaziz01 ☺

Ich antworte mit einem Daumen-hoch-Emoji. Dann schnell zurück zu Instagram. Mit zitternden Fingern tippe ich seinen Namen ein.
Mitra und Mie folgt er schon, war ja klar.
Ich klicke auf den blauen Button, und schon wenige Sekunden später sehe ich, dass er das Gleiche gemacht hat.
»Sanna?« Unser Mathelehrer funkelt mich an. »Muss ich dir das Handy wegnehmen?«
»Nein. Sorry«, antworte ich und lasse das Handy schnell im Rucksack verschwinden.
Yousef steckt seins auch ein, obwohl die Mahnung nur mir galt. Den Rest der Stunde pendelt mein Blick zwischen seinem Nacken und der Wanduhr hin und her. Nur wenn der Mathelehrer in meine Richtung sieht, kritzele ich irgendwas in meinen Block.

Zu Hause stürme ich sofort ins Bad und schließe mich ein. Yousef hat ein paar von meinen Bildern geliked, obwohl ich nur wenige gepostet habe und seine viel spannender sind. Dann scrolle ich mich durch sein Profil.

Im Grunde fotografiert er ganz normale Dinge. Gebäude, Naturmotive, Menschen, die ich nicht kenne, vermutlich von seiner alten Schule, aus seinem alten Viertel. Sogar von der U-Bahn hat er Bilder gemacht. *Von der U-Bahn!* Und trotzdem sind die Fotos wunderschön, und zwar nicht, weil er irgendwelche Filter darübergelegt hat. Ehrlich gesagt habe ich keine Ahnung, was sie so besonders macht. Wahrscheinlich hat Mama genau das mit »die Welt sehen« gemeint. Die Welt sehen und sich an sie erinnern.

Yousef hat ein Auge für die wichtigen Dinge, kein Zweifel.

Mir wird ganz warm, als ich mir vorstelle, Mama hätte Yousef kennengelernt. Sie hätte ihn bestimmt gemocht, schon allein wegen seiner Bilder. Ich sehe sie vor mir, wie sie den Kopf schief legt, während ich ihr von Yousefs braunen Augen erzähle.

Dann hole ich die Kamera aus dem Rucksack.

Mamas Augen waren auch braun …

Im nächsten Moment klopft es an der Tür, und meine Hände werden so schwitzig, dass mir die Kamera um ein Haar runterfällt.

»Sanna«, höre ich Papas zittrige Stimme. Dann wieder ein gedämpftes Klopfen.

Verdammt, Papa! Ich hätte ihn fast vergessen.
»Bin hier!«, rufe ich.
»Was gibt's zu essen?«, flüstert er hinter der Tür.
Shit, das Essen!
»Äh! Worauf hast du denn Lust?« Ich lege die Kamera auf die Waschmaschine und die Handflächen an die Tür. Keine Ahnung, wieso ich nicht einfach aufmache.
Papa antwortet nicht. Dann höre ich, wie seine Schritte sich entfernen.
Ich nehme die Kamera und hänge sie mir um den Hals, aber bevor ich rausgehe, scrolle ich mich noch ein letztes Mal durch Yousefs Bilder.
Auf dem Weg in die Küche bringe ich die Kamera schnell in mein Zimmer, damit Papa sie nicht sieht. Dann durchforste ich den Kühlschrank nach Resten zum Aufwärmen.

Nach dem Essen nickt Papa auf dem Sofa ein. Ich decke ihn zu, stelle den Fernseher leiser und bleibe noch ein paar Minuten auf der Sofakante sitzen. Dann räume ich den Tisch ab. Gerade als ich mit Spülen anfange, plingt mein Handy in der Hosentasche.

Hab ich dich nicht inspiriert? Nicht
ein einziges Like? Damn! ☹

Ich starre ungefähr anderthalb Ewigkeiten auf Yousefs Nachricht, bevor ich eine Antwort zustande bringe.

Doch!! Echt coole Bilder! Stimmungsvoll ☺
Wirklich gut ☺

Dann mache ich Instagram auf und like drauflos.

Das graue Gebäude mit dem pinken Schriftzug *Life is beautiful*.

Das Leuchtschild aus der Zentralbibliothek, auf dem *Aufgeschlossen?* steht.

Die Haltestelle am Birkelunden-Park, der Pausenhof (ich schätze, von seiner alten Schule), die Klingelanlage vor einem Hochhaus (ob er dort wohnt?). Danach schaue ich mir sein Facebook-Profil an, sämtliche Bilder, alles, was er so teilt. Als ich dann noch mal Instagram öffne, sticht mir sofort ein neues Bild ins Auge, gerade eben gepostet, und für einen Moment bleibt mir das Herz stehen.

Mitra mit einem Milchshake in der Hand. Sie hat den Kopf leicht schief gelegt, die Haare fallen ihr wellig über die Schultern, wie in einer Shampoo-Werbung. Ihre Lippen sind leicht geöffnet, so als wäre sie total überrascht, dass sie fotografiert wird.

Yousef hat das Bild nur mit einem Emoji kommentiert, ein Smiley mit herausgestreckter Zunge.

Zwei Tage in unserer Klasse, und schon hat sie ihn sich geangelt.

Ich lege das Handy neben die Spüle. Es fühlt sich an, als würde mein Herz tiefer sacken, als müsste mein Körper dagegen ankämpfen. Während ich den restlichen Abwasch mache, schwirrt mir der Kopf. Aber ich will nicht darüber nachdenken, wie Mitra Yousef so schnell um den Finger wickeln konnte, fast so schnell, wie sie sich vor ein paar Monaten Mie geschnappt hat. Ich will über gar nichts nachdenken, und deshalb wische ich den Küchentresen sauber, gehe ins Bad, putze mir die Zähne, ziehe meinen Pyjama an, und erst im Bett sehe ich die neue Nachricht von Yousef.

> Na, hast du endlich dein erstes Bild gemacht? Ich kenne inzwischen ein paar coole Orte in Oslo, wo man echt gute Motive findet. Sag Bescheid, wenn du mal zusammen fotografieren willst ☺ Aber das Buch bringe ich dir so oder so mit!

Ich öffne seinen Instagram-Feed und starre auf das Bild von Mitra.
Mitra, mit perfekten Haaren und perfektem Milchshake.
Die nächste Stunde verbringe ich damit, mir eine Antwort zu überlegen. Am Ende schreibe ich nur:

> Ja, vielleicht ☺ Und danke!

Ich klicke auf Senden und schließe die Augen, schaue in der Nacht aber mehrmals nach, ob er schon geantwortet hat.

Als ich am nächsten Morgen loswill, merke ich, dass ich den ganzen Kaffee leer getrunken habe. Also koche ich schnell neuen für Papa, schon fix und fertig angezogen, mit Regenjacke und Rucksack. Ich bin viel zu spät dran, aber in der Tür drehe ich mich noch mal um und betrachte mich im Flurspiegel.

Als ich meinen Pferdeschwanz straff ziehe, fällt mir auf, dass meine Regenjacke viel zu klein geworden ist. Sie kommt mir plötzlich so albern vor, dass ich sie schnell ausziehe. Dann schleiche ich in Papas Schlafzimmer und hole Mamas roten Anorak aus dem Schrank, der mir neulich beim Aufräumen aufgefallen ist. Ich weiß noch, dass Mama ihn anhatte, als ich sie letzten Herbst fotografiert habe, kurz vor ihrem Tod. Er ist ein bisschen zu lang, aber sonst steht er mir ziemlich gut. Ich sehe nicht nur erwachsener aus, ich fühle mich auch so. Jetzt kann es ruhig regnen, denke ich und verbanne meine Kinderregenjacke in den hintersten Winkel des Schranks.

Zur ersten Stunde komme ich zu spät. Alle starren mich an, aber Trine nickt nur, als wollte sie sagen, schon okay, kann ja mal passieren. Ich werfe ihr einen dankbaren Blick zu und setzte mich so leise wie möglich auf meinen Platz. Yousef dreht sich zu mir um, sieht mich an, und ich zähle ungefähr eine Million Wimpern.

In meinem Kopf tauchen all die Bilder auf, die ich von seinen Augen machen könnte – also, wenn ich nicht so feige wäre.

Rechts von mir höre ich Mie und Mitra tuscheln und spähe vorsichtig in ihre Richtung. Da sehe ich den Schal auf Mitras Tisch. Yousefs grünen Schal.

Sofort spüre ich ein Stechen im Bauch und wende mich wieder nach vorn.

Wenn ich nur Mitras perfekten Seitenscheitel hätte, denke ich und zwirble eine strohige Haarsträhne.

Ich schaue zur Tafel, zu Trine, beobachte ihren Mund. Wenn sie redet, kommen ihre Grübchen zum Vorschein. Vor allem bei Wörtern mit »i«. Sie erklärt gerade den Unterschied zwischen Erzählungen und Glossen. Dann erinnert sie uns daran, dass nächste Woche Freitag unsere Aufsätze fällig sind.

Ich zucke zusammen.

Welche Aufsätze?

Zum Glück beantwortet Trine meine Frage, ohne dass ich sie stellen muss. Wir sollen entweder eine Erzählung oder eine Glosse schreiben. Als sie »Glosse« sagt, schweift ihr Blick durch den Raum. Aber beim Wort »Erzählung« sieht sie mich an, da bin ich mir sicher.

»Sagt Bescheid, wenn ihr Probleme mit der Frist habt. Wir finden schon eine Lösung.«

Ihr Blick wandert durch die Klasse, und trotzdem kommt es mir so vor, als würde sie vor allem zu mir schauen.

Als ich nach Hause komme, liegt Sven nicht auf seiner Bank. Er rollt sich auf der kleinen Rasenfläche vor der Hauswand herum, die vor ein paar Tagen noch grün war. Jetzt ist sie fast genauso rostfarben wie Svens Fell.

Er schaut zu mir hoch, gähnt und streckt sich.

Ich setze mich neben ihn auf den kalten Boden. Die Grashalme piksen, und ich fege mit der Hand ein paar Blätter weg. Die Baumkronen sind fast schon kahl. Bis eben habe ich es nicht mal gemerkt.

Im Kopf lege ich eine Liste der Dinge an, die ich mit Mamas Kamera fotografieren will, bevor die schönen Farben verschwinden – also, falls ich mich endlich traue, Bilder zu machen.

Ein Windstoß fegt über den Innenhof, und vom Treppenaufgang nebenan sind Schritte zu hören. Die Haustür springt auf, und Sven trippelt hungrig maunzend hinein.

Dann bin ich allein. Ich schaue zu unserem Wohnzimmerfenster hoch und überlege, was heute noch ansteht.

Plötzlich höre ich Geräusche, Musik. Gitarre, Schlagzeug, eine Stimme. Erst als ich vor unserer Tür stehe und den Schlüssel ins Schloss stecke, wird mir klar, dass die Musik tatsächlich aus unserer Wohnung kommt.

Und so richtig begreife ich es erst, als ich Papa im Wohnzimmer sehe.

Er hat Kent aufgelegt!

Mit geschlossenen Augen steht er mitten im Raum, die Plattenhülle fest an die Brust gedrückt.

Er bemerkt mich nicht. Wenigstens das ist normal.

»Papa?«, rufe ich über die Musik hinweg. Meine Stimme zittert.
Da öffnet er die Augen, stürzt zum Plattenspieler und stellt den Ton leiser.
»Oh, tut mir leid«, sagt er lächelnd. »Ich wusste nicht, dass es schon so spät ist.«
Ich sehe ihn an, und in mir drin gibt mein Herz ein eigenes Konzert.
»Was ist los?«, frage ich und bin mir nicht sicher, ob ich die Antwort hören will.
»Eigentlich war ich gerade mit Schreiben beschäftigt ...«, sagt Papa zögernd.
Vorsichtig werfe ich einen Blick auf den Zettelberg.
»Aber dann hatte ich plötzlich so einen *Kick*!«
Einen *Kick*?
Da dringt aus den Lautsprechern ein Schlagzeugsolo. Papa dreht den Ton schnell wieder lauter.

Ich hab Todesangst vorm Leben,
ich hab Sterbensangst vorm Tod.

Papa singt mit, eine Hand in der Luft, in der anderen die Plattenhülle. Er grölt wie ein Teenager bei einem Konzert, und fast muss ich lächeln.
Aber auch nur fast.
Keine Ahnung wieso, aber meine Mundwinkel heben sich einfach nicht.

»›Aber Liebling, einmal sterben wir alle‹«, singt Papa. »›Ja, einmal sterben wir alle! Einmal sterben wir alle!‹«

Er sieht aus, als wäre er durchgedreht! Oder ist er einfach nur glücklich? Was passiert hier gerade?

Ich spüre ein Stechen im Bauch.

Die letzte Zeile wiederholt Jokke Berg immer und immer wieder, und Papa singt lauthals mit, während ich wie angewurzelt und mit weit aufgerissenen Augen dastehe, bis der letzte Ton verklungen ist. Papa stellt die Plattenhülle zurück ins Regal und wischt sich den Schweiß von der Stirn, als käme er gerade tatsächlich von einer Konzertbühne. Dann fragt er: »Lust auf Indisch?«

Noch bevor ich antworten kann, stürmt er Richtung Küche.

Ich ziehe die Platte aus dem Regal und schaue mir die Hülle an.

Du och jag, döden heißt das Album.

Du und ich, der Tod.

Papa. Mit der Todesangst vorm Leben und der Sterbensangst vorm Tod.

Ich gehe in mein Zimmer, lege die Platte auf und lasse mich aufs Bett fallen. Die Hände hinterm Kopf verschränkt, sehe ich an die Decke und lausche der Musik, die Papa eben gehört hat. Es muss das traurigste Album aller Zeiten sein. Die Melodien sind ernst, schwermütig, aber gleichzeitig wunderschön.

Ich fische die Kamera aus dem Rucksack und rufe das einzige Bild auf, das mit ihr geknipst wurde. Die traurige Musik füllt meinen Kopf und strömt durch meinen Körper, und ich betrachte Mamas Lächeln, die Handschrift auf dem Zettel, den sie vor sich hält. Mama hat die Band geliebt, aber natürlich nicht ganz so, wie sie Papa geliebt hat.

Etwa bei der Hälfte des Albums drehe ich mich auf den Bauch und schiebe die Hände unters Kopfkissen. Richtig greifen kann ich es nicht, aber die Musik klingt irgendwie anders, anders als früher, wenn Papa sie mir vorgespielt hat. Trauriger, als wäre gerade jemand gestorben, verschwunden, für immer verloren. Als würden die Melodien und die Welt zusammen weinen. Hand in Hand, nie nah genug, nie lang genug.

Ich denke an Papa. An Mama.

Du und ich, der Tod.

Dann richte ich mich auf. Runde um Runde dreht die Platte sich weiter. Ich nehme die Musik in mich auf, und um mich herum wird es dunkel. In meinem Kopf sind nur noch die leise Gitarre, das verhaltene Schlagzeug, die brüchige, traurige Stimme. Am liebsten würde ich einfach losweinen, schreien, schluchzen, jammern. Dass es in einem Menschenkörper so dunkel werden kann.

Vorsichtig öffne ich die Tür und spähe ins Wohnzimmer hinein. Papa sitzt an seinem Schreibtisch.

Auf einmal habe ich Lust, selbst etwas zu schreiben, und fange mit dem Norwegischaufsatz an. Meine Finger gleiten über die Tastatur, ich schreibe, und im Hintergrund spielt Kent. Irgendwann weiß ich nicht mehr, wie oft ich die Platte von Neuem gestartet habe, die Zeit fliegt an mir vorbei, und plötzlich ist es mitten in der Nacht.

Ob es sich für Papa auch so anfühlt, wenn er schreibt? Wenn er verschwindet?

Ich speichere die Datei.

Dann stehe ich auf, gähne und strecke mich und schleiche mich aus dem Zimmer.

Papa sitzt nicht mehr im Wohnzimmer.

Hat er vorhin tatsächlich Indisch gekocht und mir

von Mamas und seinem ersten Kent-Konzert erzählt? Hat er wirklich den Tisch abgedeckt und sogar die Reste eingefroren?

»Falls wir mal keine Lust haben zu kochen«, hatte er mit einem Zwinkern gesagt. Mich schaudert es.

Jetzt ist es wieder still. Im Wohnzimmer, im Flur, im Bad, in Papas Zimmer. Ich werfe einen kurzen Blick auf seinen Schreibtisch, der unter Unmengen von Papier verschwindet.

Dann finde ich ihn, schlafend am Küchentisch.

Wie lange war ich eigentlich in meinem Zimmer?

Ich setze mich neben ihn, streiche ihm vorsichtig über den Arm. Am liebsten würde ich den Kopf auf die Tischplatte legen, mich an ihn ankuscheln und neben ihm einschlafen.

Ich wünschte, wir könnten mal zusammen auf ein Konzert, Papa und ich, so, wie er das früher mit Mama gemacht hat.

Mein Körper fühlt sich schwer an, die traurige Musik hallt in mir nach. Mir ist immer noch nach Weinen zumute und ich stupse Papa an, um ihn zu wecken, weil ich den Gedanken, allein zu sein nicht ertrage. Er richtet sich auf und gähnt, rückt seine Brille zurecht und fährt sich durch die Haare. Erst dann bemerkt er mich. Er zuckt zusammen und legt eine Hand auf die Brust.

Noch nie habe ich so dunkle Augen gesehen.

Ich schlucke, setze mich aufrecht hin und berühre seinen Arm, um ihm ein bisschen näher zu sein.

»Hast du was geschrieben?«, fragt er leise.

»Ja«, flüstere ich und spüre einen kalten Schauer im Nacken.

»Ich bin todmüde«, sagt er.

Hinter meinen Augen kitzelt etwas, wie wenn man weinen oder niesen muss.

»Ja«, wiederhole ich noch leiser.

Ich auch.

»Es wäre schön, wenn du ein bisschen mehr mithelfen würdest. Beim Kochen, im Haushalt, wenigstens ab und zu.«

Er sieht so enttäuscht aus. Seine Augen werden noch dunkler, und mein Herz sinkt zu Boden.

»Ja«, sage ich ein drittes Mal, jetzt vollkommen tonlos. »Tut mir leid.«

Papa steht auf und verlässt, ohne sich noch mal umzusehen, die Küche.

Die Schlafzimmertür knallt zu, und ich zucke zusammen, stehe auf, nehme die Spülbürste und krampfe meine Hand um den Griff, bis es in meinem Kopf endlich still wird. Dann mache ich den restlichen Abwasch.

Am Donnerstag bin ich die Erste, die den Norwegischaufsatz abgibt, einen Tag vor der Frist. Vorsichtig lege ich den Ausdruck in das Fach mit ihrem Namen. TRINE steht dort, und daneben klebt ein roter Herzchensticker. Ich streiche mit dem Finger über die goldenen Buchstaben.

»Na, schon abgegeben?«

Ich fahre herum und sehe eine Million Wimpern.

»Ja.«

»Darf ich auch?«, fragt er lächelnd.

Meine Wangen werden warm, ich fange an zu schwitzen.

»Ja«, wiederhole ich und trete einen Schritt zur Seite, um ihn vorbeizulassen.

Yousef legt seinen Aufsatz direkt auf meinen.

»Wofür hast du dich entschieden?«, fragt er und zieht den Reißverschluss an seinem Rucksack zu.

Wofür ich mich entschieden habe? Für dich.

»Was meinst du?«

»Na, Erzählung oder Glosse?«

»Ach so. Glosse ... Quatsch, Erzählung.«

Verdammt, Sanna. Reiß dich zusammen!

»Ich auch«, sagt er, »also, Erzählung.«

Er legt den Kopf schief und ist der hübscheste Mensch, den ich je gesehen habe.

Es dauert ein paar Sekunden, bis mir klar wird, dass ich weiterreden sollte.

»Cool«, sage ich schnell und suche krampfhaft nach Wörtern, aber mein Kopf ist wie leer gefegt.

»Ich hab das Buch dabei«, sagt Yousef zögernd. »Wenn du noch Interesse hast.«

Ich hätte darauf gewettet, dass er es vergisst.

»Ja, klar.«

Er wühlt in seinem Rucksack und zieht einen dicken Wälzer heraus.

Icons of Photography – the 20th Century

Der schwarze Umschlag ist an den Kanten genauso eingerissen wie das Bibliotheksbuch gestern. Neben dem Titel ist die Nahaufnahme eines Auges zu sehen. Mit langen Wimpern. Ich hole tief Luft und halte sie an, dann hebe ich den Blick. Eine Million Wimpern, mindestens.

»Danke«, sage ich gepresst.

»Und? Was ist mit unserer Fotosession? Ich hab meine Kamera mitgebracht. Nach der Schule wollte ich in den Sofienbergpark, vielleicht auch noch kurz in den Frognerpark. Lust, mitzukommen? Also, falls du deine Kamera dabeihast.«

Er hält seinen Rucksack in der Hand. Die Fingerknöchel treten weiß hervor, genau wie bei mir, wenn ich die Träger stramm ziehe.

Er ist so hübsch.

»Ja«, sage ich. Mehr fällt mir nicht ein.

Yousef lächelt, aber dann starrt er plötzlich Richtung Tür, als hätte er dort etwas bemerkt.

Ich drehe mich um. Mitra.

»Hey, Yousef. Hast du deinen Aufsatz abgegeben?«, flötet sie und marschiert auf Trines Fach zu. Als sie an mir vorbeikommt, legt sie den Kopf schief und lächelt, aber nicht wie auf Yousefs Instagram-Bild, eher mit einem Du-tust-mir-leid-Lächeln.

Keine Ahnung, *warum* ich ihr leidtun sollte.

»Ja«, antwortet Yousef und hängt sich den Rucksack über die Schulter.

»Na, dann können wir ja gehen«, sagt Mitra und legt ihren Aufsatz in Trines Fach. Sie stolziert aus dem Zimmer, und Yousef folgt ihr. In der Tür dreht er sich noch einmal um und winkt mir zu, dann verschwindet er.

Am liebsten würde ich Mitras Aufsatz kurzerhand durch den Aktenvernichter jagen. Aber stattdessen stecke ich nur Yousefs Buch in den Rucksack. Auf dem Weg zum Klassenzimmer spüre ich es brennend heiß im Rücken.

In der folgenden Doppelstunde führe ich eine Strichliste, wie oft Mitra zu Yousef schaut. Genau siebzehn Mal in den zwei Mal fünfundvierzig Minuten.

Yousef dreht sich nur ein einziges Mal in ihre Richtung, und da bin ich mir fast sicher, er schielt eigentlich nur zur Tür.

Als unser Biolehrer mir einen bösen Blick zuwirft, kritzele ich schnell etwas in meinen Block und tue so, als würde ich aufpassen.

Kurz vor Schulschluss vibriert mein Handy.

> Bist du gleich dabei?

Ja ☺

> Dann treffen wir uns vor der Schule!

Mein Herz schlägt plötzlich doppelt so schnell, mindestens.

Warum vor der Schule?

Wir sitzen im selben Raum. Wir müssen dieselbe Treppe runter, durch denselben Ausgang. Warum will er sich draußen treffen?

Mir wird flau im Magen.

Als es endlich klingelt, packe ich hastig meine Sachen zusammen und werfe noch einen letzten Blick zur Tafel, um sicherzugehen, dass ich keine Hausaufgaben oder irgendeine Testankündigung verschwitze. Aber da steht nichts.

Dann schnell die Treppe runter und raus auf den Schulhof. Der Asphalt ist nass, aber es regnet nicht mehr. Vor der Schule stelle ich mich ganz dicht an die Mauer, als wollte ich mich verstecken, und genauso fühlt es sich auch an, obwohl ich nicht mal weiß, wovor ich mich verstecke.

Ich schreibe Papa eine Nachricht.

> Wird ein bisschen später, bin noch mit einem Freund aus der Schule unterwegs ☺
> Heute Abend Resteessen?

Mit einem Freund. Würde ein Freund mich bitten, vor der Schule zu warten, anstatt zusammen hinauszugehen? Nein. Und strenggenommen ist Yousef kein Freund. Ich kenne ihn ja kaum.

Ich mache Instagram und Snapchat auf, finde aber nichts Interessantes, nichts Neues von Mie, Mitra oder Yousef.

Also stecke ich mein Handy wieder ein. Papa wird eh nicht antworten, das weiß ich, im Grunde ist ihm egal, wo ich bin. Im nächsten Moment höre ich einen ganzen Pulk durchs Tor kommen. Yousef quatscht mit Henrik, und gleich dahinter: Mitra, Helena und Mie, die über irgendwas lachen. Ich schnappe auf, wie Yousef sagt: »Nee, also … ich muss nach Hause, ich soll meiner Mom mit einem Ikea-Schrank helfen oder so.«

Die anderen ziehen weiter, nur Yousef bleibt stehen. Er winkt ihnen noch mal zu, und erst als sie aus seinem Blickfeld verschwunden sind, dreht er sich um und das Winken gilt mir.

Ich beiße mir auf die Lippe und starre auf meine Schuhe, während Yousef zu mir rüberkommt.

»Hey«, sagt er, fast ein bisschen außer Puste, dabei bin ich diejenige, die extra rennen musste.

»Hey«, sage ich, ohne den Blick zu heben.

»Sollen wir los?«, fragt er.

Ich nicke nur.

Dann gehen wir schweigend zum Sofienbergpark.

Als wir dort ankommen, fragt Yousef, seit wann ich mich für Fotografie interessiere. Ich zögere, denn ich habe keine Lust, ihm von Mama, der Kamera oder von irgendwas anderem zu erzählen. Aber da legt er den Kopf schief und sieht mich an, vorsichtig, rücksichtsvoll, geduldig.

Und er ist so süß, dass mein Herz einen Looping schlägt. Wie könnte man zu so einem Gesicht Nein sagen? Zu so großen braunen Augen?

Also fange ich an. Ich erzähle ihm, dass die Kamera als Geschenk gedacht war, dass Mama mich dazu bringen wollte, die Welt zu sehen, die kleinen, wichtigen Dinge – und dann erzähle ich, dass sie tot ist.

»Tot?«, fragt er, und seine Augen werden traurig.

»Ja«, sage ich und füge ein kleines Lachen hinzu, keine Ahnung wieso.

»Das tut mir leid. Wann ist sie denn gestorben?«

»Ist schon ein bisschen her. Wir kommen gut klar«, antworte ich und denke an Papa.

»Okay ... klingt, als wäre sie ziemlich cool gewesen, deine Mom.«

Ich merke, wie ich rot werde. Er hat recht. Sie *war* cool.

»Ich wünschte, meine Mom wäre auch so. Also, dass sie mich ein bisschen mehr unterstützen würde. Sie findet es nicht so gut, dass ich fotografiere.«

»Warum?«

Was soll am Fotografieren falsch sein?

»Ach, na ja«, seufzt er und setzt ein Lächeln auf, wie um zu überspielen, dass er in Wahrheit verletzt ist.

»Warum?«, wiederhole ich. Trete ich ihm zu nahe?

Kurz schaut er zu Boden. Dann flackert sein Blick zwischen dem Asphalt und mir hin und her.

»Na ja ... sie will eben, dass ich später was Vernünftiges mache. Arzt oder so, du weißt schon, Buchhalter. Hauptsache, das Geld stimmt.«

»Selbst wenn du Buchhalter wirst, kannst du doch trotzdem nebenbei fotografieren?«

»Klar. Aber ich glaube, sie will nicht, dass ich zu viel Zeit darauf verschwende. Nicht mal, wenn's nur ein Hobby ist.«

Er lächelt, aber seine Augen spielen nicht mit.

»Aber … du könntest es dir vorstellen? Fotograf zu werden, meine ich?«

Yousef lacht, wird aber schnell wieder ernst.

»Schon«, sagt er und holt tief Luft. »Ach, keine Ahnung, bin ja nicht blöd. Mir ist schon klar, dass man davon nicht leben kann. Nicht wirklich. Aber wenn ich's mir aussuchen könnte, würde ich später um die Welt reisen und fotografieren. Mit eigenen Bildbänden, Ausstellungen und so. Du weißt schon. So nach dem Motto: Meine Kamera und meine Freiheit, mehr brauche ich nicht.«

Ich zähle seine Wimpern, spüre ein Bitzeln im Bauch. Merke, dass ich will, dass er *mich* braucht.

Ich komme bis neunhundertneunundneunzig, bevor ich antworte.

»Wenn das dein Traum ist, solltest du's auch machen.«

Yousef grinst mich an.

Dann holt er seine Kamera heraus und knipst einfach drauflos. Parkbänke, Bäume … ich wünschte, ich wäre so mutig wie er. Ich seufze, etwas lauter als gewollt. Yousef dreht sich zu mir um.

»Es fällt dir nicht leicht, oder?«, fragt er und fotografiert weiter.

»Ja«, sage ich. »Schon.«

Ich muss schlucken, weil mein Mund ganz trocken ist.

»Hast du mal mit einer Einwegkamera fotografiert?«

»Mit einer Einwegkamera?«, frage ich.

»Eine Kamera, die du nur *ein*mal benutzen kannst.«

Ich merke, wie ich rot werde.

»Ich weiß, was eine Einwegkamera ist.«

Er lacht. »Und hast du mal mit einer fotografiert? Ist eigentlich ganz cool.«

Er lacht noch mal. Und es fühlt sich gut an. Ich schüttle den Kopf.

»Willst du's mal versuchen?«, fragt er. »Vielleicht fällt dir damit der Einstieg leichter?«

Also gehen wir in den nächsten Fotoladen, und Yousef bezahlt. Ich verspreche, ihm das Geld zurückzugeben, aber er schüttelt nur den Kopf, ich soll ihm lieber bei Gelegenheit einen Milchshake ausgeben.

»Ich liebe Milchshakes«, fügt er hinzu und reißt die Verpackung der Einwegkamera auf.

Echt jetzt? Ein Milchshake? Aber ich sage nichts. Für einen Moment hatte ich Mitra und das Instagram-Bild vergessen.

Am liebsten würde ich ihn geradeheraus fragen: BIST DU MIT MITRA ZUSAMMEN?

Aber stattdessen strecke ich die Hand aus, und er legt die Einwegkamera hinein. Sie ist klein und leicht.

»Das fühlt sich schon ein bisschen anders an«, sage ich nervös und blicke durch den winzigen Sucher. »Und jetzt?«

»Jetzt machst du ein Bild«, sagt Yousef.

Ich versuche mir vorzustellen, was Mama durch den Sucher gesehen hätte.

Eine Bank? Einen Baum? Menschen?

Yousef folgt mir mit dem Blick. Er verschränkt die Arme vor der Brust und wartet darauf, dass ich das erste Bild knipse.

Irgendwann drehe ich das Rädchen an der Oberseite bis zum Anschlag und drücke den Auslöser. Als es *Klick* macht, springt mir das Herz fast aus der Brust.

Dann starre ich die Kamera an.

»Jetzt weiß ich gar nicht, wie das Bild geworden ist«, sage ich und komme mir ziemlich bescheuert vor.

»Das ist doch das Allerbeste daran!«, erwidert Yousef. Er nimmt mir die Kamera aus der Hand und klemmt sie sich unter den Arm, nur einen Schritt von mir entfernt. Ich spüre seinen Atem im Gesicht. Er ist größer als ich, aber nicht viel. Er schaut nach rechts und links, lässt den Blick durch den Park schweifen. Dann nimmt er mich an den Schultern und wirbelt mich herum.

»Das erste Bild zählt nicht, das wird nie was«, sagt er dicht hinter mir. »Bleib so stehen!«

Ich bewege mich nicht.

»Kannst du deinen Pferdeschwanz aufmachen?«

Mein Herz überspringt einen Schlag, dann streife ich das Haargummi ab und schüttle meine Haare wie in einer Shampoo-Werbung, wie Mitra. Plötzlich macht es wieder *Klick*. Ich frage, ob ich mich umdrehen darf, worauf Yousef mit Nein antwortet, und es dauert eine Weile, bis ich mich wieder traue. Diesmal sagt er Ja. Er hält jetzt seine richtige Kamera in der Hand und zeigt mir auf dem Display das Bild, das er gemacht hat. Ein Bild von mir, mein Rücken im roten Anorak, meine langen wilden Locken.

»Ich konnte nicht anders«, sagt er.

Er konnte nicht anders.

»Darf ich das später bei Instagram posten?«

Bei der Vorstellung, dass er ein Foto von mir posten wird, spüre ich ein Brennen im Kopf und im Bauch, und obwohl ich immer noch nicht weiß, was zwischen Mitra und ihm läuft, kann ich nicht anders und sage Ja. Plötzlich hellt sich sein Gesicht auf, als hätte er einen Geistesblitz. Er strahlt, wie ich ihn noch nie habe strahlen sehen.

»Die Einwegkamera …« Seine Stimme überschlägt sich fast vor Aufregung. »Was, wenn wir immer abwechselnd Bilder machen? Ich hab gerade eins geknipst, und jetzt bist du dran und wenn du das Bild gemacht hast, gibst du mir die Kamera wieder zurück. So bekommst du Übung, und vielleicht fällt es dir dann leichter, die Kamera von deiner Mom zu benutzen!«

Er schaut mich an, als warte er auf eine mindestens genauso euphorische Antwort. In seinen Augen explodiert ein kleines Feuerwerk.

Meine Wangen werden warm.

»Okay«, sage ich und lege den Kopf schief. Dann strecke ich die Hand aus.

Yousef gibt mir die Einwegkamera, und als er loslässt, streifen seine Fingerkuppen meine Handfläche.

Als wir im Grünerløkka-Viertel ankommen, verabschieden wir uns voneinander. Beim nächsten Mal schulde ich ihm einen Milchshake, sagt er. Ich nicke, bin mir aber nicht sicher, ob ein Milchshake so eine gute Idee ist. Yousef winkt mir zu und verschwindet um die Ecke. Den ganzen Weg bis zum Alexander-Kielland-Platz halte ich die Einwegkamera in der Hand. Vor der großen Treppe mit der kleinen Bärenskulptur bleibe ich stehen und würde am liebsten ein Foto machen, aber ich kann mich für kein Motiv entscheiden. Dann rase ich die Stufen hinauf und an dem kleinen Spielplatz vorbei bis in die Herman Foss' gate. Vor dem Tor zu unserem Innenhof steht der Briefträger mit seinem Wagen. Ich schließe ihm auf, und als er Hallo sagt, überlege ich ganz kurz, ob ich ihn fotografieren soll, lasse es aber bleiben. Dann gehe ich zu Sven, der sich auf seiner Bank rekelt, aber ich schaffe es einfach nicht, auf den Auslöser zu drücken.

Ich seufze. Die einfachste Kamera aller Zeiten – ich muss nur durch den Sucher gucken und ein Bild knipsen –, und nicht mal das kriege ich hin!

Irgendwann gebe ich auf und stecke die Kamera in meinen Rucksack. Ich checke Instagram und bekomme fast einen Herzschlag, als ich den roten Anorak sehe.

Ich betrachte meine Locken, Mamas Anorak, die vielen kleinen Details ringsherum, und ich muss mir auf die Lippe beißen, um nicht richtig breit loszugrinsen. Dann fällt mir auf, dass Yousef mich nicht markiert hat, aber aus irgendeinem Grund bin ich fast ein bisschen erleichtert. Es war unser Augenblick. Er teilt ihn auf Instagram, aber er teilt nicht alles.

Danach gehe ich hoch und schließe die Tür auf.

In der Wohnung ist es vollkommen still.

Vor lauter Stille vergesse ich fast zu atmen. Bis ich Geräusche aus dem Bad höre. Papa drückt die Klospülung, dreht den Wasserhahn auf, öffnet die Tür einen Spaltbreit und ruft: »Sanna? Bist du das?«

»Ja«, antworte ich und kämpfe mich aus dem Anorak.

Als er nichts mehr sagt und nicht aus dem Bad kommt, gehe ich zu ihm. Er steht vorm Spiegel.

»Papa? Hast du was gegessen?« Etwas Besseres fällt mir nicht ein.

»Reste, wie du geschrieben hast«, sagt er klar und deutlich. Er begegnet sogar meinem Blick im Spiegel.

Vor lauter Überraschung und Erleichterung verschlägt es mir einen Moment lang die Sprache.

»Für dich ist auch noch was da.«

»Super, danke«, presse ich hervor und will schon aus dem Bad, aber da schiebt Papa hinterher: »Meine Haare müssten mal wieder geschnitten werden.«

»Ja, und?«

»Findest du nicht, sie könnten einen Schnitt vertragen?«

Er rümpft die Nase und fährt sich mit den Fingern durch die dichte lange Matte. Er sieht mich im Spiegel an, mit einem verschmitzten Lächeln, das ich fast schon vergessen habe.

Mein Magen verkrampft sich, aber ich versuche, mir nichts anmerken zu lassen.

Was geht hier vor sich? Warum ist er so?

»Ja, und?«, wiederhole ich.

Dann löse ich meinen Pferdeschwanz und wuschle mir auch durch die Haare. Ich denke an das Bild, meine Locken in der Herbstsonne, im Wind. Meine Spitzen sind ziemlich kaputt, aber wenn ich sie abschneiden würde, sähen meine Haare gar nicht so schlecht aus. Vielleicht würde ich sie sogar öfter offen tragen.

»Ich glaube, ein Schnitt täte uns beiden gut«, sage ich.

»Fantastisch!«, ruft Papa und stürmt so eilig aus dem Bad, dass mich ein Luftzug streift. Ich atme tief durch, in meinem Kopf schwirren ungefähr tausend Fragen herum. Was geht hier vor sich, was passiert jetzt?

Papa kommt mit einem Stuhl zurück und platziert ihn vor dem Waschbecken. Dann kramt er eine Schere aus dem Spiegelschrank und schnippt damit in der Luft.

»Wer zuerst?«, fragt er und tritt wie ein ungeduldiges Kind von einem Fuß auf den anderen.

Ich lache leise. Papa wirkt so fröhlich. Andererseits weiß ich noch nicht so recht, was ich davon halten soll, dass er mir die Haare schneiden will.

»Warte!«, rufe ich und renne ins Wohnzimmer. Mit zitternden Händen ziehe ich die erstbeste Kent-Platte aus dem Regal, lege sie auf den Plattenspieler und setze die Nadel auf.

»So!«, sage ich, als ich ins Bad zurückkomme. »Du zuerst!«

Wird schon schiefgehen, denke ich.

Papa setzt sich hin, schlägt die Beine übereinander und legt die Hände in den Schoß.

»Na dann«, sagt er grinsend. Er zuckt mit den Schultern und schließt die Augen.

Lachend greife ich nach der Schere und schnippe zum Warmwerden ein paarmal in der Luft.

Dann geht's los. Ich fahre mit den Fingern durch Papas dunkle Wuschellocken und fange an zu schneiden.

Strähne für Strähne.

Schnipp, schnapp.

Im Spiegel sehe ich, wie Papa vorsichtig die Augen öffnet. Sie funkeln hinter seinen rechteckigen Brillengläsern.

Dann formen seine Lippen ein drittes Rechteck – er lächelt.

Ich atme ganz leicht, lache leicht, lebe leicht.
Und Papa lacht auch.
Aus dem Wohnzimmer dringt Kent zu uns herüber.
Papa und ich singen im Chor mit Jokke Berg, und keiner stört den anderen. Endlich singen wir zusammen.

Bis der Himmel fällt, bist du alles, was ich habe.
Damit du bleibst, tu ich alles, was ich kann.

»Feeertiiig!«, rufe ich und werfe beide Hände in die Luft. »Warte kurz!«
Ich laufe los, um Mamas Kamera zu holen. *Das wird mein erstes Bild!* Natürlich, das *muss* mein erstes Bild werden! Papa, dem ich die Haare geschnitten habe, nachdem er mich darum *gebeten* hat! Papa, glücklich und mit neuer Frisur.
Ich begegne seinem Blick im Spiegel, und als ich ihm die Kamera zeige, kann ich mir das Lächeln nicht verkneifen. Aber seine Miene verfinstert sich. Er steht auf, den Blick weiter auf den Spiegel gerichtet. Dann dreht er sich ruckartig um und starrt auf meine Hände. Er greift nach der Kamera, und kurz habe ich Angst, dass sie ihm aus den Fingern rutscht, oder – was noch viel schlimmer wäre – dass er sie mit voller Wucht auf den Fliesenboden schleudert. Aber er legt sie nur auf die Waschmaschine. Dann stellt er

sich vors Waschbecken und beugt sich so weit vor, dass seine Nasenspitze auf den Spiegel trifft.

»Wie hast du die gefunden?«, fragt er, und ich bin mir nicht sicher, ob er mit seinem Spiegelbild spricht oder mit mir.

Mir schlägt das Herz bis zum Hals. »Ich ... im Kleiderschrank«, flüstere ich.

Mein Herz hämmert, als hätte Papa mich auf frischer Tat beim Klauen ertappt.

Wir starren beide sein Spiegelbild an.

Papa sagt nichts. Plötzlich fängt er an, sich wie wild durch die Haare zu fahren und den kurzen Pony über die Stirn und wieder zur Seite zu schieben. Er kneift sich ins Gesicht, reibt sich die Wangen, streicht mit den Fingern über die Schatten unter seinen Augen.

Dann stößt er einen seltsamen Laut aus, er stöhnt, grunzt fast, schluckt.

Wie in Zeitlupe greife ich nach der Kamera und hänge sie mir um den Hals. Dann nehme ich die Schere, lege sie vorsichtig auf den Boden und schiebe sie mit dem Fuß unter die Waschmaschine.

»Papa«, flüstere ich und lege ihm sanft eine Hand auf die Schulter.

Ganz tief aus meinem Bauch steigt ein Seufzer auf. Eins steht fest, meine Haare werden heute Abend nicht mehr geschnitten.

»Alles wird gut, Papa. Ich bin hier.«

✺

Im Bett scrolle ich mich mal wieder durch Yousefs Instagram-Feed. Ganz vorsichtig, damit ich nicht aus Versehen irgendein altes Bild like. Er soll ja nicht denken, ich würde ihn mitten in der Nacht stalken oder so. Bäume, Blumen, Tiere, leere Flaschen auf nacktem Asphalt, Gebäude, Menschen.

Auf einem Bild ist die U-Bahn-Station Stovner zu sehen. *Obwohl ich Angst hab, bin ich mutig* hat jemand auf eine Wand gesprayt.

Ich kriege Gänsehaut.

Dann schaue ich mir Yousefs letzten Post an, das Bild von mir. Es hat schon ein paar Likes bekommen, und als ich daran denke, wie es entstanden ist, spüre ich wieder dieses Kribbeln.

Ich will auch solche Fotos machen können. Solche Momente teilen.

Als ich seinen Feed aktualisiere, taucht plötzlich ein neues Bild auf, gerade eben gepostet.

Ich richte mich im Bett auf und blicke auf eine Backsteinmauer mit einem Graffiti:

**will nicht alles für einen,
sondern einer für alle sein.**

Obwohl ich nicht so richtig weiß, was das bedeuten soll, bekomme ich schon wieder Gänsehaut.

Ich muss daran denken, dass Yousef auf die Einwegkamera wartet. Dass er auf mich wartet.

Im Kopf ergänze ich die Liste der Dinge, die ich fotografieren will. Ich werde Bilder von Sven machen, vom Innenhof, von meinem Schulweg, von Papas Wuschelkopf, wenn er morgens unter der Bettdecke hervorguckt, vielleicht sogar von meinem Spiegelbild, wenn meine Haare zur Abwechslung frisch geschnitten und gekämmt sind. Und wenn ich mich irgendwann mal traue, will ich Yousef fotografieren.

Den letzten Gedanken wische ich allerdings sofort wieder beiseite, als mein Blick auf das Bild von Mitra fällt.

Links die Backsteinmauer, rechts Mitra, dazwischen ich in Mamas rotem Anorak.

Aus dem Kribbeln wird ein brennendes Piksen.

Nein. Ich fotografiere ihn bestimmt nicht, nie, da bin ich mir sicher.

Trotzdem muss ich mir ein Motiv für mein nächstes Bild mit der Einwegkamera überlegen. Schließlich bin ich an der Reihe! Ich lege das Handy aufs Bett, lasse mich ins Kissen zurücksinken und sehe an die Decke. Da höre ich plötzlich ein Geräusch. Ich halte den Atem an und lausche, merke, wie mein Herz gegen die Brust schlägt. Hoffentlich ist es die Nachbarin von oben. Vielleicht ist in ihrer Serie irgendwas Dramatisches passiert, vielleicht hat sie eine schlimme Nachricht von ihrer Tochter aus Bergen bekommen, vielleicht vermisst sie ihren Enkel oder leidet an Liebeskummer, egal, Hauptsache, das Geräusch kommt nicht von Papa.

Aber das tut es.

Ich schleiche mich in sein Zimmer. Er hat sich die Decke bis über die Stirn gezogen, nur seine Haare gucken hervor. In meinem Kopf knipse ich ein Bild, mit meinen Augen als Linse, weil ich zu feige bin, um ihn mit der richtigen Kamera zu fotografieren.

»Papa«, flüstere ich und hoffe insgeheim, dass er mich nicht hört.

Aber er antwortet: »Meine Kleine.«

Dann weint er. Und ich stehe da und kann die Kamera in meinem Kopf nicht mehr ausschalten.

Das Geräusch von Papas Tränen sticht mir direkt zwischen die Rippen.

Ich dachte, es ginge ihm besser. Ich dachte, es wäre nicht mehr so schlimm.

Ist es wegen der Kamera? Scheiße, ich hätte sie nie finden sollen!

Er nimmt die Hände vom Gesicht und sieht mich in der Dunkelheit an.

»Meine Kleine«, sagt er noch mal, und ich antworte: »Ja, Papa«, weil es guttut, dass er mich so nennt, weil es guttut, dass ich immer noch seine Kleine bin.

Aber dann schluchzt er.

»Komm«, presst er hervor.

Komm? Okay. Aber ich bewege mich nicht, bin wie gelähmt.

»Komm«, wiederholt Papa, und dann rütteln seine Tränen mich wach, und ich beuge mich automatisch vor, schlage die Decke zur Seite und lege mich zu ihm. Meine Arme und Beine sind starr, starr wie Eis, obwohl es warm ist.

Wann hab ich das letzte Mal in Mamas und Papas Bett gelegen? Es ist ewig her.

Papa schaut an die Decke, und im Dunkeln sehe ich, wie ihm Tränen über die Wangen laufen. Sie tropfen aufs Kissen, verwandeln sich in Flecken.

Lieber Papa.

Plötzlich dreht er den Kopf zu mir und lächelt sein rechteckiges Lächeln, und natürlich lächle ich zurück, wie immer.

Mein lieber, lieber Papa.

Er streckt eine Hand aus, und ich rücke näher. Kuschle mich an ihn, spüre seine Körperwärme. Ganz langsam entspannen sich meine Muskeln, während Papa die Arme um mich schließt. Ich fühle mich sicher, warm, schläfrig.

Als wäre ich ein kleines Kind.

Es bleibt still, bis er plötzlich etwas sagt. Einen Namen.

Aber nicht meinen.

Einen Namen, den er schon lange nicht mehr gesagt hat. Ihren Namen, Mamas Namen. Er drückt mich ein bisschen fester und wiederholt ihn immer wieder, bis alles schwarz wird, um mich, um uns.

Ein Stechen im Bauch, mein Körper verkrampft sich, und obwohl meine Müdigkeit wie fortgeblasen ist, rühre ich mich nicht, höre nur noch meinen Herzschlag.

Dann schläft Papa ein, und ich liege hellwach in seinen Armen.

Sein Atem geht ruhig und gleichmäßig.
Vorsichtig stehe ich auf, schleppe mich ins Bad und muss mich am Waschbecken festhalten, um nicht im Fliesenboden zu versinken. Es fühlt sich an, als hätte ich hundert Jahre lang geschlafen, als würde mein Kopf jeden Moment explodieren. Ich hole mein Handy aus der Tasche, es ist 10:07 Uhr, an einem Freitag.

Aber ich bin nicht in der Schule.

Ich betrachte das Mädchen im Spiegel, die Augen, die dunkelblau, grün, braun, vielleicht auch grau sind. Denke an Papas Augenfarbe, aber auf dem Bild in meinem Kopf sind sie nur schwarz.

Ich beuge mich zum Spiegel vor, um besser zu sehen.

Welche Farbe hatten Mamas Augen? Braun? Hatten sie auch grüne und blaue Sprenkel? Sehe ich ihr ähnlich? Ist es deshalb passiert? Ist das der Grund?

Ich presse die Lider zusammen und klatsche mir mit der flachen Hand vor die Stirn, immer wieder, aber die Kopfschmerzen verschwinden nicht.

Dann binde ich mir die Haare zu meinem üblichen Pferdeschwanz zusammen, drehe das Wasser auf und wasche mir das Gesicht, reibe, bis meine Haut rot ist und wehtut, bis in meiner Lunge keine Luft mehr übrig ist. Ich halte inne, lausche. Nehme Geräusche wahr. Aber sie kommen nicht aus dem Flur, nicht aus dem Treppenhaus, nicht vom Innenhof, sie kommen von der Straße, Menschen, Autos, ein Bus, der scharf abbremst.

Ich starre in den Spiegel und lasse die Geräusche in mich eindringen – bis plötzlich mein Handy summt. Eine neue Nachricht, von Yousef.

> Hey! War cool gestern. Heute gar nicht in der Schule? ☺

Ich möchte antworten, aber stattdessen renne ich aus dem Bad, ziehe Jacke und Schuhe an, stecke die Einwegkamera in die Tasche und hänge mir Mamas Kamera um den Hals. Dann renne ich aus der Wohnung, die Treppe runter und über den Innenhof, schnell raus auf die Straße, am Alexander-Kielland-Platz vorbei, die Sannergata runter, immer weiter, in die entgegengesetzte Richtung von der Schule, vorbei an Geschäften und Cafés, ich renne, bis ich nicht mehr kann. Ich sehe einen Park, gehe hinein, lasse mich ins kühle Gras sinken, schnappe nach Luft und zähle die Wolken am Himmel.

Dann nehme ich meinen ganzen Mut zusammen und schreibe eine SMS.

Bin im Sofienbergpark.
Komm!

Ich weiß selbst nicht, ob ich tatsächlich daran glaube, dass er auftaucht, aber eine halbe Stunde später steht er plötzlich vor mir. Er verdeckt die Sonne, die hinter den Wolken hervorblinzelt. Ich sitze immer noch im Gras, aber selbst von hier unten sehe ich, dass er die braunsten Augen aller Zeiten hat, die weltlängsten Wimpern.
»Was geht?«, fragt er, und obwohl er lacht, schwingt in seiner Stimme etwas Besorgtes mit.
Ich rappele mich auf. Für einen Moment wird mir schwarz vor Augen. Vielleicht hätte ich etwas frühstücken sollen, bevor ich los bin, wenigstens eine Tasse Kaffee. Ich reibe mir das Gesicht, als wäre ich gerade erst aufgewacht. Da spüre ich seine Hand auf meinem Arm.
»Alles okay?«
Ich zucke zusammen.
»Ja«, lüge ich. »Hatte nur keinen Nerv auf Schule.«
»Okay, okay. Bio war eh langweilig.«
Er vergräbt die Hände in den Hosentaschen. Von seiner Schulter baumelt die Kamera.

»Nimmst du die jeden Tag mit in die Schule?«, frage ich.

»Nicht *jeden* Tag.« Er nimmt sie in die Hand, schaltet sie ein. »Aber im Herbst findet man hinter jeder Ecke gute Motive. Deshalb hab ich sie für alle Fälle dabei. Man weiß nie, was passiert.«

Stimmt. Nur ich finde kein einziges Motiv, das ich fotografieren kann.

»Ich hab noch kein neues Bild mit der Einwegkamera gemacht«, gebe ich zu.

»Nicht?«

Dann schweigen wir wieder. Ich weiß nicht, was ich sagen soll. Er ist extra wegen mir hergekommen, schwänzt meinetwegen die Schule, und ich bekomme keinen Ton heraus.

Was für eine Schnapsidee!

Und zu Hause liegt Papa, aber den Gedanken schiebe ich schnell beiseite.

»Ich hab sie aber dabei«, höre ich mich plötzlich sagen. Ich ziehe die Einwegkamera aus der Jackentasche. »Vielleicht klappt es ja heute.«

»Ich weiß schon, was mein nächstes Foto wird«, sagt Yousef.

»Echt?«

»Jepp, aber ich verrate nichts. Erst musst du dein Bild machen.«

Mir wird flau bei dem Gedanken, dass meine Bilder nie so gut sein werden wie seine. Und ich kann nicht mal checken, ob sie zumindest halbwegs okay sind, bevor wir den Film entwickeln lassen.

»Ich wünschte, ich könnte so gute Fotos machen wie du«, rutscht es mir heraus.

Ich werde sofort rot und starre auf die Einwegkamera. Warum kann ich sie nicht genauso unbefangen benutzen wie er?

»Es geht nicht darum, gut zu sein«, sagt er, »es geht darum, mutig zu sein.«

Ich atme aus, versinke in seinen braunen Augen.

Es geht darum, mutig zu sein.

Yousef nimmt mir die Kamera aus der Hand, zieht sie auf und gibt sie mir zurück.

»Hör zu. Ich setze mich hier auf die Bank, mache die Augen zu, und du schießt ein Bild – irgendeins. Egal wovon!«

Er will einem Angsthasen Mut einflößen. Ich würde ihm gern sagen, dass das nicht geht.

»Du darfst nicht nachdenken«, fährt er fort. »Du musst es einfach machen. Als würdest du ein Pflaster abreißen.«

Meine Hände beginnen zu zittern, als Yousef die Augen schließt.

Ich sehe mich im Park um. Versuche, meine Augen zu öffnen und wirklich zu *sehen*.

Ein Springbrunnen. Bänke. Menschen. Manche trinken Kaffee, andere schieben einen Kinderwagen vor sich her, ein paar telefonieren, lesen Zeitung.

Kinder mit Gummistiefeln und Regenjacken in allen Farben. Schulranzen, Tretroller und Pfützen, überall Pfützen.

Ich stelle mich gleich vor die nächste und habe auf einmal Riesenlust reinzuhüpfen, selbst wenn meine weißen Turnschuhe und meine Klamotten nass und dreckig werden.

Yousef sitzt immer noch mit geschlossenen Augen auf der Bank und hält das Gesicht in die Sonne. Seine Haut schimmert bronzefarben, er ist so verdammt hübsch.

Da fasse ich mir ein Herz. Springe in die Pfütze und drücke gleichzeitig auf den Auslöser. *Klick*, macht die Kamera. Meine Zehen werden nass, das Wasser spritzt an mir hoch, und ich muss lachen, tief aus dem Bauch.

Das Platschen meiner Schuhe hallt mir in den Ohren wider.

»Fertig?«, ruft Yousef von der Bank.

»Ja!«, antworte ich, und er öffnet die Augen. Sie funkeln, als er gegen die Sonne anblinzelt. Ob er ahnt, was ich fotografiert habe? Ist das Bild gut geworden? Keine Ahnung. Ich weiß nur, dass meine Augen zurückfunkeln.

»Du bist dran«, sage ich und strecke ihm die Einwegkamera entgegen.

Dann fotografieren wir, immer abwechselnd. Erst knipst er ein Bild, dann ich. Kaum habe ich auf den

Auslöser gedrückt, reißt er mir die Kamera schon wieder aus der Hand und läuft ein Stück vor, um das nächste Foto zu knipsen. Ich folge ihm, mit geschlossenen Augen, denn ich soll ja nicht sehen, was er fotografiert. Um ein Haar falle ich hin, aber das macht nichts. Es wäre bei Weitem nicht das erste Mal.

»Jetzt ist Schluss!«, sage ich schließlich und nehme ihm die Kamera ab.

»*What*? Wieso?«

Ich halte die Kamera hoch über den Kopf, und als er sich danach streckt, berühren sich unsere Schultern. Nasenspitze an Nasenspitze, Atem an Atem.

»Weil ...«, ich weiche einen Schritt zurück, schnappe nach Luft, die nicht seine ist, »... weil es schade wäre, wenn wir den Film heute schon verknipsen!«

Yousef sieht mich stolz an. Als hätte ich etwas ungeheuer Wichtiges verstanden.

»Okay, aber aufhören müssen wir trotzdem nicht!« Er nimmt seine Spiegelreflexkamera von der Schulter, hält aber mitten in der Bewegung inne und schaut auf sein Handy. Sein Gesichtsausdruck verändert sich.

»Äh, muss hier kurz antworten«, sagt er und wendet mir den Rücken zu.

Mit einem Kloß im Hals stehe ich da. Ich werfe auch einen Blick auf mein Handy, aber nichts Neues, niemand vermisst mich.

»So«, sagt er und dreht sich wieder um.

Aber irgendwas an ihm ist anders. Klar, die Nachricht war von Mitra. Bestimmt fragt sie, wo er steckt, warum er nicht in der Schule ist.

Und wenn ich ehrlich bin, frage ich mich das auch. Warum ist er überhaupt hergekommen?

Was hat er ihr geantwortet? Ich schätze, er hat sich irgendwas aus den Fingern gesaugt. Dass er Zeit mit mir verbringt, hat er jedenfalls ganz bestimmt nicht geschrieben.

»Also!«, sagt er. »Bist du bereit für die ersten Bilder mit deiner Kamera?«

Ich starre auf meine schlammbraunen Schuhe.

»Ich glaube, ich will noch zu Mathe.« Ich flüstere fast, weiche seinem Blick aus.

»Ah, okay.« Er klingt enttäuscht.

»Ja, ich will nicht zu viel Stoff verpassen«, sage ich leise.

»Verstehe«, antwortet er und zögert einen Moment. »Na, dann los.«

Schweigend machen wir uns auf den Weg. Als die Schule in Sichtweite kommt, möchte ich ihn am liebsten fragen, ob er vorgehen will, damit niemand uns zusammen sieht. Damit niemand denkt, wir wären befreundet, im schlimmsten Fall noch mehr. Auf dem Schulhof scheint viel los zu sein, wahrscheinlich ist gerade Pause.

»Na dann«, sage ich und hole tief Luft.

Yousef lächelt vorsichtig, aber seine Augen spielen nicht mit. Ich weiß, was jetzt passiert, ich habe genug von diesen kitschigen romantischen Komödien gesehen.

»Hat Spaß gemacht«, sagt er.

Mein Magen grummelt. Ich habe keinen Rucksack dabei, keine Schulsachen, nichts zu essen, im Grunde sollte ich sofort wieder nach Hause. Ich habe hier nichts verloren, Mathe hin oder her.

»Ja«, antworte ich abweisend.

Dann geht Yousef zu Henrik und Marius. Sie klopfen ihm auf die Schulter und blicken ihn fragend an. Ich überlege, was sie wohl sagen, aber eigentlich ist es mir egal. Ich will, dass es mir egal ist.

Von Mie und Mitra ist weit und breit keine Spur. Wären sie draußen auf dem Schulhof, würden sie jetzt garantiert um Yousef und die anderen Jungs herumschwirren.

Ich schleiche mich ins Gebäude und gehe nach oben. Vorm Klassenzimmer hänge ich die Jacke auf, aber die Einwegkamera stecke ich in die Hosentasche.

Auf dem Mädchenklo stelle ich mich vor den Spiegel und begegne meinem Blick. Mir ist warm und schwindlig, und mein Magen knurrt.

In meinem Kopf sind so viele Geräusche, keine Ahnung, wo sie herkommen, was sie zu bedeuten haben, ich weiß nur, dass ich sie nicht hören will.

Ich hole mein Handy aus der Tasche und überlege kurz, ob ich Papa beichten soll, dass ich die ersten Stunden geschwänzt habe, aber eigentlich gibt es keinen Grund. Er liegt bestimmt noch schlafend im Bett, solange ich nichts sage, ist alles okay. Trotzdem wünschte ich, ich hätte jemanden, dem ich mich anvertrauen, dem ich von den Geräuschen erzählen könnte.

Im nächsten Moment höre ich hinter mir jemanden schluchzen.

Mie und Mitra sitzen in einer Ecke auf dem Boden. Mitra weint, und Mie hat ihr einen Arm um die Schultern gelegt. Mein Hals schnürt sich zu, und ich spüre ein Stechen im Bauch, im Kopf, in der Brust.

Oder ist das nur der Hunger?

Wie ferngesteuert bewege ich mich auf die beiden zu.

»Du weißt doch noch gar nicht, ob sie wirklich seine Freundin ist«, höre ich Mie sagen.

»Klar ist sie das. Hast du ihre Haare gesehen!«, schluchzt Mitra.

Wie im Reflex greife ich mir an den Hinterkopf und vergewissere mich, dass meine Haare zusammengebunden sind. Ein Glück, dass ich mir mit meiner Frisur so wenig Mühe gebe. Aber Mie hat mich auf dem Bild doch bestimmt erkannt? Immerhin waren wir fast zehn Jahre lang beste Freundinnen.

»Der Anorak kommt mir irgendwie bekannt vor«, seufzt Mitra und starrt auf ihr Handy.

Meine Brust zieht sich zusammen.

Ich hatte gar nicht vorgehabt etwas zu sagen, aber weil ich nicht einfach hier rumstehen und glotzen kann, frage ich: »Was ist passiert?«

Als ob mich das etwas anginge.

Mie blickt misstrauisch zu mir hoch.

»Yousef hat anscheinend eine Freundin«, antwortet sie und streicht Mitra über den Rücken.

Einen Moment lang wird mir schwarz vor Augen.

»Oh«, sage ich nur und will eigentlich kein Wort mehr hören.

Mitra streckt mir ihr Handy entgegen. Ich sehe einen roten Anorak, meine Haare im Wind.

Mir wird so heiß, und Mies Blick macht es nicht besser, er brennt sich in mich hinein.

»Mist«, sage ich und will einfach nur weg, aber es geht nicht.

»Das ist so scheiße von ihm. So was kann er doch nicht machen«, jammert Mitra.

Sie hat recht. *So was kann er nicht machen.*

»Und heute Morgen hat er geschwänzt. Er ist bei ihr, das weiß ich!«

Dass sie nicht merken, wie sehr ich schwitze, grenzt an ein Wunder.

»Wir finden heraus, wer sie ist«, sagt Mie entschlossen und sieht mich forschend an.

Sie weiß es. Sie weiß, dass ich das Mädchen auf dem Bild bin.

»Ich kann …« – ja, was kann ich eigentlich? –,
»… ich kann euch helfen.«
Mein Mund ist staubtrocken.
Die beiden schauen zu mir hoch.
Mitra hört auf zu weinen.
»Das ist echt nett von dir«, sagt sie, steht auf und drückt mich ganz fest. Dann bricht sie wieder in Tränen aus, diesmal in meinen Armen.

Mein Kinn liegt auf Mitras Schulter. Als ich den Blick hebe, sehe ich in Mies eisige Augen.

Da klingelt es. Ich löse mich aus Mitras Umarmung und sage, ich müsse los. Dann rase ich die Treppe hoch, damit ich die Klasse vor ihnen erreiche, reiße den roten Anorak vom Haken, stopfe ihn in meinen Spind und knalle die Tür wieder zu. Ich mache die Haare auf und binde sie zu einem dicken Knoten zusammen.

Mein Magen knurrt, und in meinem Kopf hämmert und pocht es. Ich brauche dringend einen Kaffee!

Also schnell runter in die Mensa. Auf der Treppe muss ich mich an allen vorbeidrängeln, die auf dem Weg nach oben in die Klassenräume sind.

»Kaffee? Hier gibt's keinen Kaffee«, sagt die Verkäuferin hinter der Theke, wendet sich sofort dem Nächsten in der Schlange zu, und ich stehe da wie ein Fragezeichen. Hab ich hier wirklich noch nie Kaffee gekauft? Wenn ich so darüber nachdenke, habe ich eigentlich immer welchen von zu Hause dabei.

Mit leeren Händen trete ich den Rückzug an, aber als ich am Lehrerzimmer vorbeikomme, bleibe ich unwillkürlich stehen. Da drinnen gibt es bestimmt Kaffee! Vorsichtig schleiche ich zur Tür, die nur angelehnt ist, und als ich keine Stimmen höre, schlüpfe ich durch den Spalt.

Ich schnappe mir den erstbesten Becher, stelle ihn in den Kaffeeautomaten und drücke auf *Coffee*. Das laute Brummen der Maschine übertönt fast mein Herzklopfen. Als ich den vollen Becher rausnehme, sehe ich, dass *Trine* draufsteht. Ich stürze den heißen Kaffee in einem Schluck herunter. Er brennt im Bauch wie blubbernde Lava. Jetzt kann Mathe ruhig kommen. Ich räume den Becher in die fast volle Spülmaschine und stehle mich schnell wieder hinaus.

»Hast du wichtigere Dinge zu tun, als pünktlich zu kommen?«, fragt unser Mathelehrer, als ich mich in die Klasse schleiche.

»Äh, nein«, antworte ich knapp. »Sorry.«

Seinen giftigen Blick versuche ich zu ignorieren. Mein Puls rast, und ich schwitze. Im Mund spüre ich eine bittere Wärme, und ehrlich gesagt fühle ich mich nicht wirklich besser als vor dem Kaffee.

»Okay, wo waren wir?«, fragt der Lehrer.

Ich höre Marius und Henrik neben mir lachen.

»Für die Berechnung einer Wahrscheinlichkeit muss man sich einen Überblick über potenzielle Ergebnisse und Kombinationen verschaffen. Deshalb sind Regeln so aufschlussreich, wenn man in kniffeligen Situationen für Klarheit sorgen will.«
Ich habe weder mein Mathebuch noch was zu schreiben dabei. Und obwohl ich zuhören will, übertönen die Geräusche in meinem Kopf die Stimme des Lehrers.
Plötzlich summt mein Handy in der Hosentasche.

Hast du die Mathehausaufgaben gemacht?
Kann ich sie mir nach der Stunde mal angucken?

Die Nachricht kommt von Henrik. Er blickt sich nervös um, das Handy in der einen, den Bleistift in der anderen Hand.
Um ehrlich zu sein habe ich keinen blassen Schimmer, welche Hausaufgaben er meint.
Gereizt tippe ich eine Antwort.

Nee, hab ich nicht.

What??? Red keinen Scheiß
☹☹☹!!!! Heute ist Abgabe!

Ich stelle mein Handy auf lautlos und wende den Blick wieder zur Tafel. Neben der Stimme unseres Mathelehrers schwirren mir mindestens hundert Geräusche durch den Kopf. Ich versuche sie auszusperren und sehe unruhig zwischen der Uhr und dem Fenster hin und her. Draußen scheint immer noch die Sonne. Vielleicht ist es warm genug, vielleicht brauche ich auf dem Heimweg keinen Anorak ...

»Ein Beispiel!«, sagt der Lehrer so laut, dass ich zusammenzucke. Er funkelt mich an, und ich schreibe schnell etwas in einen imaginären Block.

Mir ist immer noch warm und schwindlig, und ich sterbe vor Hunger.

»Wenn man zwei Pullis, vier Hosen und drei Paar Schuhe im Schrank hat, zwischen wie vielen Kombinationen kann man dann wählen?«

Henrik schlägt sich die Hand vor die Stirn.

Marius meldet sich. »Also, wann brauchen wir diesen Quatsch eigentlich?«

Lautes Gelächter. Ich stütze meinen Kopf in die Hände, schließe die Augen und versuche, tief durchzuatmen.

Unser Mathelehrer seufzt. »Zum Beispiel, wenn du dich eines Tages fragst, wie viele Liebespaare in eurer Klasse scheitern müssen, bevor ein Mädchen *dich* nimmt.«

Einen klitzekleinen Augenblick lang wird es still. Dann brüllen alle wieder los.

»Oder ein Junge ...«, ruft Henrik, »... falls dir

das lieber ist. Dann musst du allerdings noch mehr Kombinationen durchrechnen!«

Marius gibt ihm einen Klaps auf den Hinterkopf. Das Gelächter wird noch lauter.

Während die anderen lachen, presse ich mir die Hände auf die Ohren und kneife die Lider zusammen, bis es endlich klingelt. Aber noch bevor ich aufstehen kann, baut sich unser Mathelehrer vor meinem Tisch auf und fragt mich nach diesen verflixten Hausaufgaben.

»Du hast noch nichts abgegeben«, sagt er und blickt auf meinen leeren Tisch, als erwarte er, dass ich blitzschnell ein Heft hervorzaubere.

»Ich reiche sie ganz bald nach«, lüge ich und schäme mich sofort. Erstens, weil ich eben nichts hervorzaubern kann, zweitens, weil ich keine Hausaufgaben gemacht habe, und drittens und vielleicht am allermeisten, weil ich nicht mal weiß, *was* wir aufhatten.

Seufzend dreht er sich um und steuert auf die Tür zu. Ich gehe schnell hinterher, komme aber nicht weit, weil Mitra sich mir in den Weg stellt. Mie, Helena, Jahaira und Maryam bilden einen Kreis um sie, als wären sie Bodyguards, die Mitra vor mir beschützen müssten.

»Sanna«, sagt Mitra laut. Ich höre sie zum ersten Mal meinen Namen sagen.

Mie hat es ihr erzählt, schießt es mir durch den

Kopf. Sie hat ihr gesteckt, dass ich das Mädchen auf dem Bild bin.

»Ja, hey«, sage ich und gehe an ihnen vorbei Richtung Spind, obwohl ich überhaupt nichts rausholen will. Als ich ihn öffne, blitzt mich der rote Anorak an – ich hatte ihn tatsächlich für einen kurzen Moment vergessen. Schnell knalle ich die Spindtür wieder zu, mit solcher Wucht, dass ich mich selbst erschrecke. Hinter meinen Schläfen pocht es.

Mie sieht zu Boden, aber Mitra starrt mich an.

»Hast du Freitag schon was vor?«, fragt sie und wirft auf ihre typische Art die Haare zurück. Dass sie die ganze letzte Pause durchgeheult hat, ist ihr kein bisschen anzusehen.

»Freitag?«, frage ich und überlege, welchen Tag wir haben. Ist nicht heute Freitag?

»Ja, ob du Freitag schon was vorhast?«, wiederholt Mitra.

Helena und Maryam schnauben genervt, und Mie guckt, als hätte sie ein Gespenst gesehen. Was hat sie Mitra erzählt? Ich verstehe überhaupt nichts mehr.

»*Nächsten* Freitag«, schiebt Mitra hinterher.

Jetzt schaut Mie mir direkt in die Augen. Ich versuche, ihre Gedanken zu lesen, aber es klappt nicht.

»Nein«, antworte ich und schlucke, schmecke immer noch den bitteren Kaffee.

»Das heißt, du hast Zeit?«

Ich nicke. Ich hab Zeit.

»Cool! Mädelsabend bei mir. Na ja, was heißt Mädelsabend ... vielleicht kommen noch Yousef und ein paar von den Jungs. Schauen wir mal, ob wir sie reinlassen.« Mitra verdreht die Augen, als sie seinen Namen sagt.

»Oh«, antworte ich und schlucke die Panik herunter. »Okay.«

»Bring Chips mit!«, sagt Mitra zufrieden. »Aber fettfreie.«

»Okay«, wiederhole ich. »Bis dann.«

Geht endlich weiter!, denke ich. Ich will den Anorak mitnehmen, habe aber keinen Rucksack dabei, nichts, worin ich ihn verstecken könnte. Doch Mitra und die anderen rühren sich nicht vom Fleck.

Na, dann friere ich eben, Hauptsache, ich habe Mamas Kamera bei mir. Ich atme tief in den Bauch und gehe los. Auf der Treppe höre ich das Poltern meiner Schritte, versinke in meinen Gedanken – und stoße mit Trine zusammen, die einen dicken Papierstapel vor sich herbalanciert. Die Blätter flattern zu Boden, und ich schnappe geräuschvoll nach Luft. Dann fange ich an, alles aufzusammeln.

»Tut mir so leid!«, sage ich leise.

Trine geht neben mir in die Hocke und hilft mir.

»Hübsche Kamera, Sanna.«

»Danke.«

»Na, ein Glück, dass ihr eure Aufsätze zusammenheftet. Sonst hätte ich jetzt eine ganz schöne Puzzlearbeit vor mir«, lacht sie und sortiert einen Aufsatz nach dem anderen in eine Mappe hinein.

»Hehe«, mache ich tonlos und reiche ihr meinen eigenen Aufsatz.

»Alles okay mit dir, Sanna?«, fragt Trine und rappelt sich auf. Sie klemmt sich die Mappe unter den Arm und streicht sich eine Strähne hinters Ohr.

»Ja.«

Ich schaue zu Boden. Denke an ihren Becher.

»Bist du sicher?«

Ich sehe ihr in die Augen.

Augen, denen man alles erzählen kann.

»Ja«, wiederhole ich.

»Du kannst mit mir über alles reden. Das weißt du doch?«

Als hätte sie meine Gedanken gelesen.

»Okay«, sage ich.

»Jederzeit«, fügt sie hinzu. Sie zwinkert, und ihre Grübchen kommen zum Vorschein.

Ich nicke, während mein Herz gegen den Brustkorb hämmert.

Bin ich wirklich so leicht zu durchschauen?

»Du weißt, wo du mich findest, Sanna.«

Ich nicke erneut. Soll ich sie bitten, mit dem Mathelehrer über meine Hausaufgaben zu sprechen? Soll ich fragen, ob sie den Anorak aus meinem Spind holen kann, damit ich gleich nicht frieren muss?

Ich beiße mir auf die Lippe.

Trine winkt mir noch einmal zu, dann dreht sie sich um.

Auf dem Nachhauseweg gebe ich mir alle Mühe, die Kamera vorm Regen zu schützen.

Samstag, Sonntag, Montag, Dienstag, Mittwoch, Donnerstag, Freitag. Der *nächsten-Freitag*-Freitag. Papa starrt in die Luft, und ich starre mit, versuche, die Welt durch seine Augen zu sehen, wie durch eine Kameralinse. Egal, ob er gerade auf dem Sofa oder im Bett liegt oder am Schreibtisch sitzt oder nur aus dem Küchenfenster guckt. Ich folge seinem Blick, sehe aber nur Staubmäuse, den leeren Kühlschrank, die versiffte Spüle, klamme Handtücher, die fast leere Klopapierrolle, dreckige Becher, sich langsam verfärbende Essensreste. Die Bilder brennen sich mir ein, als würde ich Fotos in ein Album einkleben.

Offensichtlich vernachlässige ich nicht nur die Mathehausaufgaben. Meine einzige echte Leistung im Laufe der endlos langen Woche hat darin bestanden, Mamas alten Regenmantel hervorzukramen und den roten Anorak unbemerkt aus der Schule zu schmuggeln.

»Papa«, sage ich.

Es ist Freitag. Der *nächsten-Freitag*-Freitag.

Ich bin zu Mitras Mädelsabend eingeladen, keine Ahnung wieso. Mie hat keine Andeutungen gemacht, dass sie über Yousefs Instagram-Bild Bescheid weiß. Der rote Anorak hängt wieder zu Hause, und nichts spricht dagegen, dass die Einladung aufrichtig gemeint war. Vielleicht nicht von Mie, aber zumindest von Mitra.

Ich habe eine Einladung, und die muss ich annehmen. Ich muss. Ich werde. All das geht mir durch den Kopf, obwohl ich eigentlich Hausaufgaben machen und aufräumen und abwaschen sollte.

Ich schiele zur Küchenuhr, die an der Wand vor sich hin tickt. Kurz nach vier. Ein paar Stunden bleiben mir noch, um einzukaufen, die Wäsche zu machen und zu kochen. Und um mir für heute Abend ein passendes Outfit rauszusuchen.

Aber zuallererst: einkaufen.

Ich drücke Papa einen Kuss auf die Stirn, dann stürme ich aus der Tür, runter in den Innenhof und raus auf die Herman Foss' gate. Vorbei an dem gelben Schulgebäude und die fünfundachtzig Treppenstufen hinunter, bis ich am Supermarkt ankomme. Ich schnappe mir einen der blauen Rollkörbe und tauche ins Gewühl ein.

Milch, Bananen, Kaffee, Waschpulver, Zahnpasta, Klopapier. Noch was?

Vor den Tiefkühltruhen bleibe ich einen Moment lang stehen.

Ich gehe heute Abend zu Mitra. Mie wird da sein. Vielleicht auch Yousef. Alle werden da sein. Also muss ich es auch.

Es ist, als würde etwas Wichtiges passieren, ich weiß nur nicht, was.

Fest steht nur: Wenn Yousef kommt, muss ich auch hin.

Ein Mann legt einen großen Brotlaib in die Brotschneidemaschine, die laut losrattert, während der Mann auf sein Handy glotzt und sich am Bein kratzt. Das Geräusch von Fingernägeln auf Jeans.

In einem Einkaufwagen sitzt ein kleines Mädchen, das einen Joghurtbecher in die Luft streckt und dann fallen lässt. Es spritzt, die Mutter schnappt nach Luft und wischt den Boden mit dem Schal des Mädchens sauber.

»Ich wollte ROT!«, kreischt die Kleine.

Die Mutter stößt einen lauten Seufzer aus, der bestimmt im ganzen Supermarkt zu hören ist.

Tiefgefrorenes Obst, tiefgefrorenes Gemüse ...

Ich nehme zwei Pizzen aus der Truhe und lege sie in meinen Korb.

Seife, ein Paket Nudeln, eine Zeitung für Papa.

Den grünsten Brokkoli, den ich finden kann.

Danach stehe ich eine gefühlte Ewigkeit vor dem Chipsregal. Salz oder Pfeffer? Paprikageschmack? *Superchips* mit dreißig Prozent weniger Fett? Ist Mitra und den anderen so etwas wichtig? Oder glauben sie dann, ich fände sie zu dick? Nein. Mitra hat ausdrücklich »fettarm« gesagt.

Mein Gott, was mache ich hier?

Ich schließe die Augen, strecke die Hand aus und greife ins Regal. *Sørlandschips.* Die mag doch jeder, oder nicht? Ich werfe einen Blick auf die Verpackung. Wie viele Kalorien dürfen Chips haben?

Verdammt, was weiß ich denn?

An der Kasse bezahle ich mit Papas EC-Karte, die immer in meinem Portemonnaie steckt, packe die Einkäufe in zwei Tüten und gehe zügig nach Hause.

Sven maunzt mich im Innenhof an, aber ich sause an ihm vorbei, und als ich die Tüten über dem Küchentresen ausleere, ist es, als schraubte mein Kopf sich langsam wieder auf meinen Hals.

»Es gibt Pizza!«, rufe ich ins Wohnzimmer.

Während der Ofen vorheizt, wische ich die Arbeitsfläche sauber und werfe einen Blick auf die Uhr. Es ist fünf. Wenn wir gegen halb sechs essen, kann ich um halb sieben bei Mitra sein. Oder sollte ich ein bisschen später dort auftauchen? Zu früh dran zu sein, ist bestimmt ein No-Go.

Auf dem Weg in mein Zimmer sehe ich Papa am Schreibtisch sitzen. Dass ich noch ausgehe, ist ihm bestimmt egal, er wird es nicht mal merken und den ganzen Abend lang keinen einzigen Gedanken an mich verschwenden. Er wird wunderbar ohne mich zurechtkommen, wie immer, Hauptsache, ich störe ihn nicht, Hauptsache, er bekommt etwas zu essen und eine Kanne Kaffee, das reicht ihm. Er hat ja seinen Zettelberg. Er hat, was er braucht.

Aber was, wenn er *mich* braucht?

Nein, daran darf ich jetzt nicht denken.

Ich hole sämtliche Kleider aus dem Schrank und lege sie aufs Bett. Gepunktet, gestreift, geblümt – nichts fühlt sich richtig an. Klamotten, die ich immer gemocht habe, kommen mir plötzlich total daneben vor. Weil Mitra mich eingeladen hat, weil Mie und ich keine richtigen Freundinnen mehr sind, weil ich Yousef sehen könnte.

Papa blickt nicht mal auf, als ich mich an ihm vorbei ins Schlafzimmer schleiche. In sein Zimmer, in ihr Zimmer.

Ich öffne Mamas Kleiderschrank, schiele immer wieder zur Tür, aber Papa bekommt gar nicht mit, dass ich zum zweiten Mal innerhalb kürzester Zeit vor Mamas Klamotten stehe.

Hosen, Pullis, Tops, ein Rock. Ein paar Sachen nehme ich heraus. Atme ihren Geruch ein. Streiche mit den Fingern über den Stoff. Halte mir den Rock vor den Körper. Krümme die Zehen auf den kalten Holzdielen.

Dann finde ich es. Das perfekte Kleid.

Ich erinnere mich, wie Mama es mal getragen hat. Es ist hellblau und hat kurze Ärmel, Taschen, einen braunen Ledergürtel und den perfekten Ausschnitt.

Ich bewundere mein Spiegelbild, ich kann nicht anders. Wirble herum, und das Kleid wirbelt mit. Es ist ein bisschen länger, als ich mir wünschen würde, aber das ist schon okay. Das Kleid ist perfekt. Es hat Mama gehört, und jetzt ist es meins.

Ich mache die Haare auf, lasse meine Locken über den Rücken fallen, drehe mich um und werfe über die Schulter einen Blick in den Spiegel. Dann binde ich mir wieder einen Pferdeschwanz. Ich kann auch so hübsch sein. Alles andere wäre zu riskant.

Ich komme gerade rechtzeitig in die Küche, um die Pizzen aus dem Ofen zu holen. Als ich sie in Stücke schneide, verbrenne ich mich ein bisschen und stecke mir die Fingerkuppen zum Kühlen in den Mund. Dann trockne ich mir die Hände an einem Geschirrtuch ab, klemme mir die Ketchupflasche unter den Arm und balanciere die großen Teller ins Wohnzimmer, wo Papa auf dem Boden sitzt, den Kopf in die Hände gestützt.

Ob er mein Kleid bemerkt?

»Papa«, sage ich. Und dann noch mal: »Papa.«

Keine Reaktion.

Ich setze mich neben ihn, streiche mein Kleid glatt.

»Papa«, wiederhole ich und lege ihm eine Hand auf die Schulter.

Die Uhr an der Wand tickt weiter, die Zeit wird knapp. Ein Glück, dass ich mich schon umgezogen und sogar eingekauft habe. Ich muss mich nur noch kurz kämmen, und vielleicht finde ich in Mamas Schrank ein hübsches Schmuckstück? Sollte ich mich schminken? Klar sollte ich. Für den Fall, dass Yousef kommt!

Und eins steht fest: Heute Abend werde ich Fotos machen. Und wenn ich will und mich traue, werde ich vielleicht sogar jemanden bitten, ein Bild von Yousef und mir zu knipsen. Vielleicht.

Bei dem Gedanken kribbelt es.

»Magst du ein Stück Pizza?«, frage ich ungeduldig.

Wortlos dreht Papa den Kopf zu mir und sieht mich an, mustert mein Kleid, den Ausschnitt.

Ich greife nach einem Pizzastück, der Käse dampft noch. Ich pule ein Paprikastück ab und stecke es mir in den Mund, kaue und schlucke.

Die Uhr tickt weiter.

»Mmh«, mache ich.

Da summt mein Handy, und mein Herz macht einen Satz.

Wie aus dem Nichts schießt mir eine Erinnerung durch den Kopf. Ein Tag Anfang der Neunten, kurz nachdem ich von Mamas Krankheit erfahren hatte. Jahaira hatte mich zu ihrem Geburtstag eingeladen, ein Mädelsabend mit Übernachtung. Ich hatte meinen Sternchenschlafanzug eingepackt, der mir eigentlich ein paar Nummern zu klein war, aber ich mochte ihn. Jahaira und Maryam starrten mich an, in kurzen Shorts und knappen Tops, die ihnen kaum über die Brüste gingen. Ich wurde ganz starr und begriff, dass es Zeit war für einen neuen Pyjama. Dass ich eine kranke Mutter hatte, war keine Entschuldigung für meine Kleidung.

Aber dann brach Mie die Stille. Sie lachte vorsichtig und klopfte mir auf die Schulter.

»Also, Sanna«, sagte sie, und mir wurde sofort leichter ums Herz. »Du bist echt schräg!«

Jetzt würde sie mich nicht mehr retten.

Ich seufze, ich will nicht schräg sein.

Dann denke ich an Yousef. Was hat er heute Abend wohl an? Ich male mir aus, wie wir gleichzeitig nach den Chips greifen, die ich besorgt habe, wie wir zusammenzucken, als sich unsere Finger berühren, wie er die Hand zurückzieht und mir die ganze Schüssel überlässt. Wie ich lächle und elegant kaue, während mir die Haare ums Gesicht wehen wie in einem Werbespot.

Mit Windmaschine und allem Drum und Dran, noch viel besser als bei Mitra.

»Wo willst du hin?«

Papas Stimme rüttelt mich wach.

Ich drehe mich zu ihm. Er mustert mich. Mein Kleid, meinen Körper. Dann sieht er mir in die Augen. Sein schwarzer Blick.

»Ich ... zu einem Mädelsabend, bei Mie«, sage ich und komme mir vor, als hätte ich etwas verbrochen, keine Ahnung, wieso. Ihn kümmert doch eh nicht, wo ich bin.

Papas Augen flackern, und mir schnürt sich der Hals zu.

»Du ...«, presst er hervor, »... willst auf eine Party?«

Seine Lippen fangen an zu zittern.

»Party?«, frage ich.

Tränen rinnen an seinen Wangen hinunter.

»Nein, Papa«, sage ich verzweifelt. »Nur ein Mädelsabend, bei Mie.«

Papa rappelt sich auf, und ich folge ihm.

Der Pizzateller rutscht mir aus der Hand und landet auf dem weißen Teppich. Ketchup spritzt auf mein Kleid.

Aber Papa bekommt von alldem nichts mit. Er starrt mich aus seinen leeren Augen an, weint.

»D-du«, stottert er, »du kannst mich nicht alleinlassen.«

Seine Schultern beben, und sein Mund verzieht sich zu einer Grimasse. Er packt mich an den Schultern, schüttelt mich, zieht mich zu sich heran, schlingt die Arme um mich, hält mich fest, atmet tief und schwer, ganz dicht an meinem Ohr.

Als ich daran denke, wie er mich das letzte Mal so gehalten hat, erstarre ich.

Mir wird speiübel, ich will mich übergeben, aber stattdessen schließe ich die Augen und wünsche mir zu verschwinden, mich in Luft aufzulösen, das Universum hinter mir zu lassen. An alles Mögliche versuche ich zu denken, nur nicht an die Wirklichkeit.

In der Ferne vibriert mein Handy auf dem Couchtisch.

Sieben minutenlange Videosnaps.
Mitra, Helena, Jahaira, Maryam. Mie.
Aber vor allem Mitra. Und Yousef. Nebeneinander auf dem Sofa.
Laute Stimmen, aneinanderklirrende Gläser, anschwellendes Gelächter.
Mitras Mädelsabend.
Ich liege im Bett und starre auf das grelle Display, bis mir die Augen wehtun und der Akku beinahe leer ist. Dann greife ich nach Mamas Kamera und schalte sie ein. Ist es tatsächlich ihr allerletztes Bild?
Und ich habe immer noch keins gemacht.
Von draußen sind Stimmen zu hören. Lachen, jemand singt, Freitagabendgeräusche.
Irgendwann schlafe ich ein, aber schon kurz darauf weckt mich das Knarren der Holzdielen. Leise wird die Tür zu meinem Zimmer geöffnet.
Ich war mir sicher, er schläft. Nachdem ich ihn eine halbe Ewigkeit in den Armen gehalten und in eine Decke gewickelt hatte. Nachdem er Wasserfälle

geweint und sein Gesicht an meiner Schulter vergraben hatte. Nachdem ich ihm versprechen musste zu bleiben, ihn nicht allein zu lassen.

Seine Umrisse zeichnen sich gegen die Dunkelheit im Türrahmen ab. Fehlt nur noch ein Teddybär im Arm, dann wäre das Bild komplett.

Ich muss daran denken, wie ich mich früher ins Schlafzimmer geschlichen habe, wenn ich einen Albtraum hatte. Wie ich zu Mama und Papa unter die Decke gekrochen bin und mich an ihre warmen Körper gekuschelt habe, die so viel Sicherheit ausstrahlten.

Aber Papa ist kein Kind.

Ich bewege mich nicht und versuche, ruhig zu atmen. Ich will die Augen zumachen, aber es geht nicht.

Die Dielen knarren, obwohl Papa auf Zehenspitzen geht. Er lässt sich auf der Bettkante nieder, die Matratze senkt sich ab, und ich werde nach unten gezogen.

Dann sitzt er reglos da, ich liege daneben.

Mein Herzschlag hämmert mir in den Ohren. Ob Papa ihn hört? Oder hat er ganz andere Geräusche im Kopf?

Er flüstert meinen Namen.

Endlich gelingt es mir, die Augen zu schließen. Ich presse die Lider zusammen und versiegele sie, mit Kleber, Nadel und Faden, Reiß- und Klettverschlüssen, mit Vorhängeschlössern. Werfe die Schlüssel ins bodenlose Meer in meinem Kopf. Irgendwann legt Papa sich neben mich und schläft sofort ein. Wie ein Kind.

Sein Körper ist warm und so nah, dass ich die Wirbel an seinem krummen Rücken zählen kann. Es ist Samstag. Vorsichtig klettere ich aus dem Bett. Ich will ihn nicht wecken, nicht jetzt, nie.

Ich schleiche mich ins Bad und sehe in den Spiegel. Wasche mir das Gesicht mit kaltem Wasser und kämme mir die Haare, die nach der Nacht voller Knötchen sind.

Ich muss daran denken, wie sie auf Yousefs Bild aussahen. Meine Locken im Wind, über Mamas rotem Anorak. Am liebsten würde ich sie abschneiden, jetzt sofort. Aber stattdessen hole ich mein Handy, gehe in die Küche und setze eine ganze Kanne Kaffee auf.

Während die Kaffeemaschine vor sich hin gluckert, mache ich Instagram und Snapchat auf. Scrolle mich durch die Bilder von Mitras Mädelsabend, der ganz offensichtlich kein reiner *Mädels*abend war. Auf einem Tisch im Hintergrund stehen Bierflaschen, und Mie hält eine in der Hand.

Sie trinkt jetzt also Bier. Seit wann? Wann haben die anderen damit angefangen? Ich weiß es nicht, weiß überhaupt nichts. Ob Yousef auch trinkt? Er selbst hat nichts gepostet, und trotzdem sieht sein Feed irgendwie anders aus.

Die Kaffeemaschine gibt ein schrilles Pfeifen von sich, und im selben Moment wird mir schmerzhaft bewusst, was sich verändert hat. Mein Magen verkrampft sich, und kurz glaube ich, ich muss mein Herz ausspucken, roh und blutig.

Einen endlosen Augenblick lang weiß ich nicht mehr, wie man atmet, bis ich es schließlich in Worte fassen kann: Mein Bild ist weg, gelöscht.

Yousefs letzter Post ist das Foto von der Backsteinmauer. Rechts daneben Mitra. Mitra mit dem beschissenen Milchshake.

Es geht darum, mutig zu sein, hat er gesagt. Dieser verdammte Feigling!

Auf Kaffee habe ich keine Lust mehr. Ich will nur noch schlafen und nie wieder aufwachen.

Ich gehe zu Papa, der tief und fest schläft, in *meinem* Zimmer. Sein Atem geht ganz ruhig, und ich versuche, mit ihm zu atmen.

Am liebsten würde ich mich einfach nur ins Bett verkriechen, aber ich will nicht neben ihm liegen.

Vorsichtig nehme ich die Kamera von der Fensterbank, gehe ins Wohnzimmer und kauere mich unter eine Decke auf dem Sofa.

Schließe die Augen und will alles vergessen, aber plötzlich kommen mir die Tränen und leise schniefend betrachte ich Mamas Bild in der Kamera.

Dann denke ich an Yousef. Wie hätte er sich wohl verhalten, wenn ich gestern zu Mitra gegangen wäre? Hätte ihm mein blaues Kleid gefallen, hat er was getrunken, ist er jetzt mit ihr zusammen? Hat er deswegen mein Bild gelöscht, wegen ihr, hat sie ihn darum gebeten? Hat Mie etwas gesagt? Was hat Yousef Mitra von mir erzählt, was weiß sie von uns? Hat er gestern Bilder gemacht, hat er wenigstens kurz an mich gedacht?

Hat er mich vermisst?

So viele Fragen, und ich hab keine einzige scheißverdammte Antwort.

»Sanna?«

Papa reibt sich den Schlaf aus den Augen.

»Gibt's Kaffee?«, fragt er heiser.

Ich sehe ihn an, so lange, wie ich ihn noch nie zuvor angesehen habe. Ich nicke langsam, spüre, wie mein Herz hämmert, wie sich mein Kiefer verspannt, wie sich meine Hände in die Decke krampfen. Papa schlurft durchs Wohnzimmer Richtung Küche.

Der Vulkan in meinem Bauch beginnt zu brodeln, und meine Wangen werden heiß vor Wut.

Dass ich gestern nicht bei Mitra war, ist seine Schuld. Er hätte doch nur am Schreibtisch sitzen und schreiben müssen, wie immer. Dann hätte ich auf diese gottverdammte Party gekonnt.

Papa kommt mit einem Becher Kaffee zurück.

»Schmeckt angebrannt«, sagt er.

Er funkelt mich an, als warte er auf eine Antwort.

»Ja, vielleicht«, sage ich tonlos und will wegsehen, schaffe es aber nicht.

Seit wann liege ich hier eigentlich?

Der Vulkan spuckt Rauch, ich muss schlucken.

Wir sehen einander an.

Papa, denke ich. Papa, Papa, Papa. Verdammt, Papa! Ich hab einfach alles verpasst!

Durchs Fenster höre ich Sven maunzen. Bestimmt wartet er darauf, dass ihn jemand reinlässt. Früher hab ich mir immer eine Katze wie Sven gewünscht, aber Mama war allergisch gegen Tierhaare.

»Du ...«

»Hm«, macht Papa. Er riecht am Kaffee und rümpft die Nase.

»Können wir uns eine Katze anschaffen?«

Er schnaubt. »Mama hat eine Tierhaarallergie!«, sagt er bitter. Bitterer als der allerstärkste Kaffee.

»Mama ist TOT!«, rufe ich, und es ist, als würden mir die Augen aus dem Kopf springen.

TOT.

Die Lava kocht über.

Papas Augen sind tiefschwarz. Ich halte den Atem an. Habe Angst vor dem, was jetzt kommt.

Er schleudert den Kaffeebecher Richtung Sofa, aber ich zucke nicht mal zusammen, blicke Papa starr in die Augen, auch als das Porzellan auf den Holzdielen zerschellt. Dann dreht er sich um, und zurück bleiben nur ich, mein Herzschlag und hundert Scherben.

❋

Wir essen Fischfrikadellen und sagen beide kein Wort. Hinterher räume ich ab, schalte die halbvolle Spülmaschine ein und kehre die Scherben auf.

Papa schreibt fast drei Stunden, dann legt er sich wieder hin.

Ich hätte Lust, ihn zu wecken. Aber nicht mit dem Duft von frisch gebrühtem Kaffee oder einem warmen Essen wie sonst. Ich will ihm einen Eimer eiskaltes Wasser über den Kopf kippen und laut seinen Namen schreien, »MIKKEL!«, bis er keuchend hochschreckt und aufsteht und in den Tag startet wie ein stinknormaler Erwachsener.

Ich presse die Kiefer so fest aufeinander, dass es wehtut. Ziehe die Tür lauter zu als gewöhnlich, aber noch lange nicht laut genug.

Jetzt ist die Wohnung aufgeräumt und blitzsauber, bis auf Papas Schreibtisch, den ich nie anrühre. Ich sammle höchstens im Vorbeigehen leere Kaffeebecher ein.

Neben dem Zettelberg liegen ein paar Romane

und Gedichtbände. Ich fahre mit dem Finger über den Papierstapel, greife nach einem aufgeschlagenen Buch, lese ein paar Zeilen und lege es wieder zurück. Dann öffne ich die Schublade unter dem Schreibtisch. Ein Stoß vollgeschriebener DIN-A-4-Blätter kommt zum Vorschein. Auch wenn ich mir nicht sicher bin, ob es eine gute Idee ist, ziehe ich ein Blatt heraus und fange an zu lesen. Immerhin ist das Schreiben das Einzige, was Papa macht, was ihn interessiert. Ich will wissen, was ihm so verdammt wichtig ist.

Ich weiß, du schläfst,
ich spür die Wärme deiner Haut,
allein der Geruch macht mich schwach,
aber ich will dich nicht wecken.

Ich lasse die Hände sinken.
Der Text von einem Kent-Lied!
Mein Kopf fängt an zu glühen.
Ein Kent-Lied? Das ist alles?
Hat er an Mama gedacht, als er das geschrieben hat? An mich? In meinem Kopf brennt eine Sicherung durch. Wie aus einem Reflex heraus greife ich nach dem Papierstapel, klemme ihn mir unter den Arm, hole die Kamera, ziehe mir Schuhe an und stürme nach draußen.
Es ist nass.

Ich renne raus auf die Straße und drehe mich alle naselang um, als hätte ich Angst, jemand könnte mich beobachten und bezeugen, was ich getan habe, was ich tun werde. Das letzte Mal habe ich etwas geklaut, als ich mir in der Dritten Mies Lieblingsteddy borgen wollte. Ich hatte bei ihr übernachtet und nahm ihn mit nach Hause, ohne zu fragen, obwohl ich ganz genau wusste, wie wichtig er für Mie war. Aber ich wollte ihn mir leihen, unbedingt, nur ganz kurz.

Weil ich neidisch war.

Als ich im Park ankomme, sehe ich mich nach Rauchern um. Ein Stück entfernt steht ein Mädchen, vielleicht zwanzig, mit kurz geschnittenen Haaren und weiter Jeans, sie hält eine Zigarette in der Hand und hört Musik, wobei ihr ein Ohrstöpsel über die Schulter baumelt.

Sie sieht zu mir, mustert mich.

»Darf ich mir kurz dein Feuerzeug leihen?«, frage ich vorsichtig.

Sie zieht langsam an ihrer Zigarette, bevor sie antwortet.

»Auch 'ne Kippe?«, fragt sie. Ihre Augen sind grün-braun gesprenkelt.

Ich merke, wie ich rot werde.

»Nein, danke«, sage ich, auch wenn ich ganz kurz versucht bin, doch eine zu nehmen. »Nur das Feuerzeug.«

Sie nimmt noch einen Zug, dann kramt sie in ihrer Tasche.

»Kannste behalten. Ist eh fast leer.«

Ich lächle vorsichtig, hole tief Luft und nehme das Feuerzeug entgegen.

»Danke«, flüstere ich und ziehe mich in eine andere Ecke des sonst menschenleeren Parks zurück. Mit Papas Zetteln in der einen und dem Feuerzeug in der anderen Hand, setze ich mich auf eine Bank.

Während ich die Zeilen aus dem Kent-Song noch einmal lese, lasse ich das Feuerzeug aufflammen. Dann halte ich es nicht mehr aus.

Schluchzend und mit klappernden Zähnen zünde ich ein Blatt nach dem anderen an und sehe zu, wie sie im feuchten Gras zu Asche werden. Dann hole ich die Kamera heraus und fotografiere die kleine Rauchwolke, die aus den glimmernden Papierresten aufsteigt.

Jetzt, denke ich, als Papas Geschreibsel verschwunden ist. Jetzt hab ich verdammt gute Bilder gemacht.

Ich fotografiere einfach drauflos. Als hätte ich nie etwas anderes gemacht.

Nehme den langen Weg nach Hause, und statt Musik höre ich nur das Geräusch meiner Schritte auf dem Asphalt. Ich habe die Kamera in der Hand und tausend Bilder im Kopf, die endlich hinauswollen.

Ich fotografiere alles, was mir über den Weg kommt, ich bin mutig.

Ich fotografiere Graffitis, die manche als Vandalismus bezeichnen würden, aber vielleicht sind sie echte Kunstwerke, vielleicht stammen sie von Künstlern, die ihre Geschichten mit der Welt teilen.

Ich fotografiere Autos, Fahrräder, Geschäfte, vor denen im Sommer Obst- und Gemüseauslagen stehen. Bushaltestellen, Mülltonnen, Zigarettenstummel, Glasscherben, Gullydeckel.

Ich sehe zum Himmel, spüre die ersten Regentropfen im Gesicht und stelle mir vor, es donnert. Ich wünschte, das Geräusch könnte ich auch fotografieren. Ich schließe die Augen und spitze die Ohren, höre Laub rascheln, wenn jemand vorbeigeht, die knirschenden Räder eines Kinderwagens, hechelnde und schwanzwedelnde Hunde, den vorbeirauschenden 37er-Bus, Fahrräder, die an- und abgekettet werden. Bei geschlossenen Augen wird jedes Geräusch gleich intensiver. Dann knipse ich wieder Bilder, den ganzen Weg bis nach Hause.

Im Innenhof kommt Sven angetrippelt, und als ich die Kamera auf ihn richte, schnuppert er am Objektiv.

Ich fotografiere seine zusammengekniffenen Augen, die langen weißen Schnurrhaare.

Oben in der Wohnung mache ich Bilder von unserer Küche, von der Kaffeemaschine, von meinem leeren Becher. Von mir selbst im Badezimmerspiegel. Im Wohnzimmer fotografiere ich den Plattenspieler, die Vorhänge, den Couchtisch, das Bücherregal. Und dann: Papas Schreibtisch mit der leeren Schublade.

Von Papa keine Spur, der Stille nach zu urteilen, ist er in seinem Zimmer. Meins nimmt er jedenfalls nicht mehr in Beschlag. Ich ziehe die Tür hinter mir zu und setze mich an den Schreibtisch, um die Bilder von der Speicherkarte auf den Laptop zu ziehen.

Unfassbar, wie viele Fotos ich gemacht habe.

Und mit einigen bin ich richtig zufrieden.

Am liebsten würde ich sie Yousef zeigen. Ich will wissen, was er von ihnen hält. Und bei einem ziemlich coolen Bild von einem fahrenden Bus kann ich der Versuchung einfach nicht widerstehen, obwohl ich immer noch sauer auf ihn bin.

Ich schicke ihm das Foto über den Facebook-Messenger, klappe den Laptop zu und gehe in die Küche. Zum Abendessen koche ich Nudeln.

Bei Tisch reden Papa und ich kein Wort. Danach setze ich eine Kanne Kaffee auf, traue mich aber nicht zu fragen, ob ich ihm eine Tasse an den Schreibtisch bringen soll. Was, wenn er die leere Schublade bemerkt? Aber glücklicherweise geht er sofort ins Bett.

Ich schenke mir einen extragroßen Becher Kaffee ein und nehme die Kanne mit in mein Zimmer.

Yousef hat mir auf Facebook geantwortet. Er mag das Bild und will noch mehr sehen.

Ich weiß selbst nicht, wie und warum es passiert, aber den Rest des Abends schreiben wir hin und her. Ich schicke ihm Bilder, und Yousef kommentiert sie, was gut ist und was ich noch verbessern könnte.

Dann fragt er, wie es dazu kommt, dass ich jetzt doch fotografiere. Ich schreibe, dass ich es leid bin, die einzige feige Person in meinem Leben zu sein.

Als Antwort schickt er mir ein Herz, worauf mein eigenes einen Moment lang stehen bleibt.

Ich würde ihn so gern nach dem gelöschten Bild fragen. Aber stattdessen tue ich so, als hätte ich nichts gemerkt oder als würde es mir nichts ausmachen.

Tut es ja auch nicht. Es macht mir überhaupt nichts aus.

Ich frage ihn nach seiner alten Schule und dem Umzug, und er schreibt, seine Mutter habe einen neuen Job hier in Oslo angefangen. Er erzählt von seiner großen Schwester, die zu Hause ausgezogen ist, von seinem Vater, den er nie kennengelernt hat und der sich einen Dreck um seine zwei Kinder schert, obwohl er auch in Oslo lebt. Er erzählt von Sommerferien in Marokko, von seinem Lieblingsonkel, der letztes Jahr an Krebs gestorben ist.

Und da erzähle ich von Mama.

Wir texten die halbe Nacht, und ich vergesse alles um mich herum, vergesse, mir die Zähne zu putzen und einen Pyjama anzuziehen, und plötzlich wache ich auf, komplett angezogen und mit dem Handy in der Hand, als die Sonne in mein Zimmer scheint.

Ich gehe ins Bad, dann in die Küche, setze Kaffee auf und schaue anschließend kurz zu Papa rein, nur um sicherzugehen, dass er noch da ist.

Er schläft tief und fest.

Zum Frühstück trinke ich die ganze Kanne Kaffee, und nebenbei lese ich mir unseren Chatverlauf noch einmal durch. Am liebsten würde ich Yousef eine neue Nachricht schicken, aber ich weiß nicht, was ich schreiben, wie ich ein neues Gespräch einfädeln soll. Ich weiß nur, heute fällt mir das Atmen leichter.

Ich schaue aus dem Fenster. Die Sonne hat sich verzogen, Sven sitzt unter dem Vordach und wartet darauf, dass der Regen aufhört. Alles ist still, bis auf das Prasseln gegen die Fensterscheibe, aber ausnahmsweise mag ich das Geräusch.

Ich lege die fröhlichste Kent-Platte auf, die ich finde.

Irgendwann würde ich sie gern Yousef vorspielen, die Lieder, die Musik.

Ich tanze ein bisschen und schäme mich bei der Vorstellung, dass mich jemand sehen könnte. Dann schaue ich noch mal zu Papa rein, aber er merkt nichts, er braucht nichts.

Also tanze ich weiter, bis plötzlich mein Handy summt.

Guck mal aus dem Fenster ☺

Mein Herz überspringt ein paar Schläge. Wie ferngesteuert gehe ich zum Fenster.

Da unten steht er. Mit einer Hand krault er Sven, in der anderen hält er unsere Einwegkamera und winkt mir zu.

Ich schnappe nach Luft, dann renne ich die Treppe runter, mit der Musik im Rücken.

Ich reiße die Tür auf, und als mir die kalte Luft entgegenschlägt, schlinge ich mir reflexartig die Arme um den Körper. Yousef kommt auf mich zu, aber ich rühre mich nicht.

»Hey«, sagt er und schaut zu Boden.

»Hey«, antworte ich.

»Ich wollte nur die Kamera vorbeibringen.«
Jetzt hebt er den Blick. Wir sehen einander in die Augen, und ich denke an alles, was wir uns seit dem letzten Treffen erzählt haben.
»Nett von dir.« Mehr kriege ich nicht heraus. Er reicht mir die Kamera.
Dann tritt er einen Schritt zurück, dreht sich um und verschwindet aus unserem Innenhof. Als ich das Tor zufallen höre, gehe ich schnell rein.
Im Wohnzimmer stelle ich mich auf einen Stuhl und beobachte durch den Sucher der Einwegkamera die Schallplatte, die sich immer noch dreht. Ich blinzle und warte auf den richtigen Moment, den richtigen Song, die richtige Melodie – dann drücke ich den Auslöser. *Klick.*
Danach checke ich Instagram. Yousef hat ein neues Bild gepostet. Von einem gelben Schulgebäude und einer roten Katze, die die Herman Foss' gate entlangtapst.

Papa liegt immer noch im Bett, ich habe keinen Ton von ihm gehört, nicht gestern, nicht in der Nacht, nicht seit Samstagmittag. Er muss sich mal ordentlich ausschlafen, schätze ich. So leise wie möglich ziehe ich die Wohnungstür zu und gehe hinaus in den Herbst. Ich habe mir weder etwas zu essen eingepackt noch Kaffee für Papa gekocht. Aber er kommt schon klar.

Solange er nicht gestört wird.

Auch heute fotografiere ich. Sven im Innenhof, die schwarze Hoftür, die zugeparkte Straße, ein paar Bauarbeiter auf der Straße, die mir zurufen und in die Kamera winken. Das Supermarktschild und die Bushaltestelle davor, den Bürgersteig, Zebrastreifen, Ampelkreuzungen. Den gesamten Schulweg dokumentiere ich, nehme die Welt durch die Kamera wahr, Schaukeln, Bänke, Treppen, Bäume, Haustüren und Schaufenster.

Ohne nachzudenken, knipse ich ein Bild nach dem anderen, ich bin mutig.

Auf dem Schulhof fotografiere ich ein paar Zahnspangenmädchen aus der Achten, eine Gruppe verpickelter Neuntklässler – dann entdecke ich die Leute aus meiner Stufe. Mie, die mit Henrik quatscht und Steinchen vor sich her kickt, wie damals, als wir Freundinnen wurden. Ich hab die beiden noch nie so gesehen, nur zu zweit. Wo sind die anderen? Gleich fängt die erste Stunde an.

Dann sehe ich ihn. Die Hände in den Jackentaschen, den grünen Schal um den Hals. Das Schmatzen von Turnschuhen auf Asphalt. Er kaut Kaugummi und grinst bis über beide Ohren. Neben ihm schleudert Mitra ihre Haare hin und her. Die Schritte der beiden sind vollkommen synchron.

Sie gehen zu Henrik und Mie, bleiben stehen, und Yousef begrüßt Henrik per Handschlag. Erst nachdem ich eine gefühlte Ewigkeit in seine Richtung gestarrt habe, bemerkt er mich. Er presst die Lippen zusammen, verzieht aber sonst keine Miene. Dann kommt er plötzlich auf mich zu. Mein Herz fängt sofort an zu hämmern, und meine Füße setzen sich langsam in Bewegung. Wer bleibt zuerst stehen? Er, ich, beide gleichzeitig?

Keiner.

Yousef geht zu Marius, und ich höre »War cool neulich« und frage mich, wann *neulich* war.

Als es klingelt, bin ich die Letzte auf der Treppe,

mit zitternden Beinen und Minischritten kämpfe ich mich Stufe für Stufe hinauf. In der Klasse sitzen die anderen schon auf ihren Plätzen. Trine steht vorm Pult, und am liebsten würde ich zu ihr gehen und den Kopf an ihrer Schulter vergraben, ich glaube, sie würde es sogar zulassen.

Du kannst mit mir über alles reden. Das weißt du doch?

Ich spüre ihren Blick, als ich zu meinem Platz gehe. Mein Kopf fühlt sich an wie ein wabbliger Geleeklumpen, und ich traue mich nicht, in Trines sanfte Augen zu sehen.

Als ich meine Sachen aus dem Rucksack hole, fällt mein Blick auf die beiden Kameras. Vor mir trommelt Yousef mit dem Bleistift auf seinem Block herum. Unterm Tisch schaue ich schnell auf mein Handy, aber nichts, keine neue Nachricht.

»Ich bin immer noch total verkatert von Freitag«, stöhnt Jahaira eine Stunde später, als sie sich in der Sportumkleide aus ihrer hautengen Jeans schält. Sie wühlt in ihrem Rucksack und fischt eine Turnhose heraus.

»Echt?«, fragt Mitra.

Sie zieht ihr Top aus und wirft die Haare zurück. Im BH stellt sie sich vor den Spiegel und dreht und wendet sich.

»Du musst Wasser trinken, das ist der Trick.

Ein Glas pro Drink. Erstens bist du dann nicht so schnell voll, und zweitens kriegst du keinen Kater«, erklärt Mitra, während sie sich weiter im Spiegel bewundert.

Ich krame meine Sportsachen aus dem Rucksack und ziehe mir den Pferdeschwanz fester.

Mie verschwindet mit ihren Klamotten aufs Klo.

»Ich bin sooo fett!«, stöhnt Mitra plötzlich und drückt vorm Spiegel auf einem unsichtbaren Speckröllchen herum. Sie zieht den Bauch ein, obwohl ihre Rippen hervorstechen.

»Was?«, ruft Helena und geht zu ihr.

Ich streife mir den Pulli ab.

»So ein Quatsch«, sagt Helena.

Und dann Jahaira: »Du bist voll hübsch!«

Seit wann schließen hübsch und dick einander aus?

Gerade als ich mir mein Sporttop über den Kopf ziehe, fragt Mitra plötzlich: »Vielleicht verrätst du uns ja *deine* Geheimtricks?«

Mit einem Ruck fahre ich herum. Mie steht jetzt auch in Sportklamotten bei den anderen vorm Spiegel.

Sie sehen mich an, alle sehen mich an.

»Meinst du mich?« Ich zeige auf mich wie der letzte Volltrottel.

Bis eben hat Mitra mich keines Blickes gewürdigt, seit ich nicht zu ihrer Party gekommen bin.

»Ja! Du bist so dünn geworden! Wie machst du das?«

Ich erstarre.

»Ist das die Tote-Mama-Diät?«

Ihre Augen bohren sich in meine, und mein Hals schnürt sich zu.

Als Mama gestorben ist, war Mitra noch gar nicht auf unserer Schule. Mie muss ihr davon erzählt haben.

»Meine nervt eh die ganze Zeit, ich opfere sie gerne.«

Mitra lässt den Blick durch die Runde schweifen, und alle prusten laut los.

Alle bis auf Mie, die in die Hocke geht und sich die Schuhe bindet.

Dann stürmen sie los Richtung Turnhalle, umgeben von einer Wolke aus Gelächter und Wortfetzen. Alle bis auf Mie, die sich langsam aufrichtet. Auf dem Weg zur Tür weicht sie meinem Blick aus.

Jetzt bin ich allein in der Umkleide, spüre den Stoff um meinen Körper schlackern, die Stille im Echo der anderen. Mein Top ist mir zu groß geworden. Genauso wie die Hose.

Nach dem Sport kämme ich mich vorm Spiegel. Die anderen sind schon beim Mittagessen. Als ich mir einen Pferdeschwanz binden will, finde ich mein Haargummi nicht. Ich wühle in meinem Rucksack, suche den Fußboden ab. Aber am Ende bleibt mir nichts anderes übrig, als die Haare offen zu lassen.

Kurz vorm Klingeln schleiche ich mich in die Klasse. Auf dem Weg zu meinem Platz lasse ich die Einwegkamera in Yousefs Rucksack gleiten, der offen neben seinem Stuhl liegt. Als ich mich umdrehe, steht Mitra vor mir, die Hände in die Hüften gestemmt. Dicht hinter ihr Mie, mit ängstlich aufgerissenen Augen.

»Oh!«, schrecke ich zusammen. Warum schleichen sie sich so an?

»Was genau hast du eigentlich vor?«, fragt Mitra.

»I-ich?« Mehr bekomme ich nicht heraus. Mir fällt keine Ausrede ein.

»Ich wollte nur ...« Ich schiebe einen Stuhl beiseite und will mich an den beiden vorbeiquetschen, aber kurz bevor ich die Tür erreiche, packt Mitra mich an den Haaren und reißt mit einem Ruck meinen Kopf nach hinten.

»Au!«

Sie lässt los und hält ein ganzes Haarbüschel in der Hand. Ihre Augen funkeln schwarz wie Kohle. Sie schäumt vor Wut.

Mie guckt so erschrocken, als wäre *sie* gerade bei einem unverzeihlichen Vergehen ertappt worden. Mie, die die ganze Zeit Bescheid wusste.

»Ich hab echt gedacht, Yousef hätte eine andere«,

sagt Mitra und fuchtelt mit dem Haarbüschel vor meinem Gesicht herum. »Aber das warst nur *du*!« Sie lacht. Noch nie habe ich jemanden so böse lachen gehört.

Ich blinzle, um klarer zu sehen.

»Da versuche ich, ein guter Mensch zu sein« – sie klingt, als wollte sie eine Rede halten, legt sich sogar eine Hand auf die Brust –, »lade dich zu meiner Party ein, aber du tauchst nie auf!«

Sie ist noch nicht fertig. Das sehe ich ihr an.

»Und obendrein schmeißt du dich an meinen Freund ran.«

Bei *Freund* bleibt mein Herz stehen.

»Als ob *du* bei ihm eine Chance hättest.«

Sie lacht. Mie sieht noch ängstlicher aus als zuvor.

»Du. Verdammte. Bitch!«, ruft Mitra.

Mein Herz setzt zum Sprung an. Als würde es jeden Moment aus meiner Brust galoppieren.

Ich koche, und die Lava fängt an zu brodeln. Plötzlich mache ich einen großen Schritt nach vorn und schubse Mitra so fest, dass sie rückwärts zu Boden fällt.

Mie schnappt nach Luft, presst sich die Hände auf den Mund und sieht mich mit weit aufgerissenen Augen an.

Ich atme tief ein, drehe mich um und gehe auf die Tür zu. Dann renne ich los, und meine Haare flattern hinter mir her. Eigentlich sollte ich das Weite suchen, aber stattdessen rase ich die Treppe hoch, keine Ahnung, wieso. Ich schließe die Augen, um klarer denken zu können, und auf der letzten Stufe stolpere ich über meine eigenen Füße.

Ich bleibe am Boden liegen und drehe mich auf den Rücken, die Arme und Beine von mir gestreckt wie ein Seestern. Atme ein und aus. Ein und aus, aus, aus.
»Sanna?«, fragt eine bekannte Stimme.
Ich schlage die Augen auf, blinzle an die Decke.
Nein, nein, nein. Nicht jetzt.
Als sie meinen Namen wiederholt, drehe ich den Kopf in ihre Richtung. Obwohl sie sich sichtlich Mühe gibt, normal zu wirken, sieht Trine mich noch besorgter an als sonst. Sie hilft mir hoch. Mir ist so schwindlig, dass ich mich an ihrem hellblauen Wollpulli festkralle. Ihr Atem riecht nach Vanille, als hätte sie in der Pause eine Puddingschnecke gegessen. Sie stützt mich, hilft mir, einen Fuß vor den anderen zu setzen, und zusammen gehen wir den Flur in der fünften Etage hinunter. Mit jedem Schritt schlägt mein Puls schneller.
Wo Trine mich hinbringt, wird mir erst vor der Tür zum Sanitätsraum klar.
Ich sehe zu ihr hoch, mein Atem spielt verrückt.

Ich will mich aus ihrem Arm winden, aber es geht nicht, sie riecht zu gut, strahlt zu viel Sicherheit aus.

»Du solltest mit der Krankenschwester sprechen, Sanna. Nur um sicherzugehen, dass alles in Ordnung ist. Ich warte solange hier«, sagt sie mit ruhiger, warmer Stimme. Sie setzt sich auf den Stuhl neben der Tür, schlägt die Beine übereinander und faltet die Hände im Schoß. Im nächsten Moment bittet mich eine ältere Frau mit weißen Locken in den Sanitätsraum, manövriert mich auf einen Stuhl und fragt, wie es mir geht.

»Gut«, antworte ich.

Hoffentlich war das alles.

»Wann hast du das letzte Mal etwas gegessen?«, bohrt sie weiter.

»Heute Morgen hab ich einen Kaffee getrunken«, flüstere ich und bin mir nicht mal sicher, ob das überhaupt stimmt.

Die Krankenschwester schüttelt den Kopf.

Das Herz trommelt mir in den Ohren. Wann verschwinden sie endlich, all die Geräusche? Ich will mir einen Pferdeschwanz binden, aber dann fällt mir ein, dass ich kein Haargummi habe, und da lasse ich die Haare wieder über die Schultern fallen.

»Kaffee ist nicht gut für dich«, sagt die Krankenschwester, ohne mich anzusehen. Sie tippt etwas in ihren Computer.

»Du gehst jetzt erst mal nach Hause. Du siehst

sehr blass und müde aus. Und vergiss nicht, etwas zu essen.«

Wie versprochen wartet Trine vor der Tür. Sie bittet mich, noch kurz ins Lehrerzimmer mitzukommen. Als ich den Becher auf ihrem Schreibtisch sehe, den Becher mit ihrem Namen drauf, meldet sich sofort mein schlechtes Gewissen.

An der Wand hängt ein Foto, zwei Kinder mit Weihnachtsmannmützen und Zahnlücken, die einander umarmen und um die Wette strahlen, zwei kleine fröhliche Wichtel. Der Gedanke, dass es Trines Kinder sein könnten, tut weh, keine Ahnung, wieso, aber dann lese ich den Text unter dem Bild:

Für Tante Trine. Frohe Weihnachten und guten Rutsch!
Alles Liebe
Thea und Oliver

Ich setze mich und Trine nimmt auf dem Stuhl daneben Platz. Sie drückt mir eine Banane in die Hand und kramt dann in einem Papierstapel auf dem Schreibtisch.

»Ich habe mir deinen Aufsatz angeschaut, Sanna«, sagt sie plötzlich und sieht mich an.

Ich antworte nicht.

»Die Geschichte ist wirklich schön geschrieben. Aber wenn ich ehrlich bin, mache ich mir seitdem ein bisschen Sorgen um dich.«

Zögernd blättert sie in meinem Aufsatz. Und im selben Moment wird mir bewusst, dass ich mich an kein einziges Wort erinnere, nicht mal an den Titel, nur an die Musik, die im Hintergrund lief, während ich am Schreibtisch gesessen und mich weggeträumt habe. Ob es für Papa genauso war? Bevor ich seine Zettel verbrannt habe? Wenn er Musik aufgelegt und sich in seinen Gedanken und Wörtern verloren hat, Buchstabe für Buchstabe, Ton für Ton?

»Okay?«, flüstere ich, lege die Banane in den Schoß und schiebe die Hände unter meine Oberschenkel.

Trine blättert zurück, dann schaut sie mit einer Sorgenfalte zwischen den Augen auf. Ständig sieht sie mich so an, und ich weiß nie, warum. Keine Ahnung, was sie von mir denkt.

Ich senke den Kopf, als hätte ich Angst, entlarvt zu werden.

»Sanna, sieh mich an«, sagt sie, aber ich kann nicht.

»Sanna«, wiederholt sie und legt mir eine Hand auf den Oberschenkel, der so zittert, dass die Banane runterrutscht.

»Wie geht's dir eigentlich? Ist bei dir zu Hause alles okay? Ich weiß, es ist nicht leicht, wenn ein Elternteil stirbt. Hast du jemanden, mit dem du reden kannst?«

Ihre Stimme klingt zerbrechlich, einfühlsam, Furcht einflößend, alles zugleich, und trotzdem gibt sie mir ein Gefühl von Sicherheit.

Ich denke an den roten Anorak, an Mie und Mitra. *Du verdammte Bitch.*

Ich muss sofort nach Hause. Ich kann das hier nicht.

»Sanna«, sagt Trine noch mal. »Du –«

Ich schaue sie an.

»Sanna, ich *sehe* dich.«

Ich fahre so abrupt vom Stuhl hoch, dass Trine zusammenzuckt. Sie starrt mich an, und einen Moment lang bin ich wie gelähmt. Dann schleppe ich mich zur Tür, Schritt für Schritt. Bevor ich rausgehe, drehe ich mich noch einmal zu ihr um.

»Danke«, sage ich. »Danke, Trine.«

Ihre Augen werden feucht, und da sehe ich weg.

Es ist immer noch große Pause, und ich gehe runter in die Klasse, um meine Sachen zu holen. Als ich den Reißverschluss am Rucksack zumache, merke ich, dass Mamas Kamera weg ist.

Mein Herz hämmert wie wild. Wo hab ich sie hingelegt? Wann hab ich sie zuletzt gesehen? Meine Brust zieht sich zusammen, und meine Gedanken rotieren, dass mir schwindlig wird. Ich renne zum Spind, aber von der Kamera ist nirgendwo eine Spur.

»Suchst du die?«, höre ich eine Stimme hinter mir.

Ich schlucke und nehme meine Haare zusammen, obwohl es sinnlos ist, sie jetzt noch zu verstecken.

»Kriegt den Mund nicht auf, aber schmeißt sich an den Freund einer anderen ran.«

Sie funkelt mich bedrohlich an, mit meiner Kamera in der Hand. Dahinter Mie, der die Panik ins Gesicht geschrieben steht. Ich werfe ihr den giftigsten Blick zu, den ich zustande bringe.

Dann presse ich die Lippen zusammen und balle die Hände zu Fäusten. Bis eben tat es mir noch leid, dass ich Mitra geschubst habe, aber jetzt nicht mehr. Wenn ich nicht so hungrig und durstig und müde wäre, würde ich ihr am liebsten ihre ach so perfekten Zähne einschlagen – was ich schon vorhin hätte tun sollen.

»Gib sie mir zurück«, sage ich und höre selbst, wie schwach und zerbrechlich meine Stimme klingt.

»Du stiehlst Jungs. Du bist *gewalttätig*! Warum sollte ich sie dir geben?«

Ich schnappe nach Luft.

»Tja, dachte ich's mir«, sagt Mitra. Sie drückt auf der Kamera herum, und mir läuft sofort ein eiskalter Schauer über den Rücken. Was, wenn sie meine Bilder sieht, wenn sie mir direkt in die Seele blickt.

»Gib sie mir zurück«, wiederhole ich. Diesmal klingt meine Stimme schon fester.

»Na gut«, sagt sie. »Bitte schön.«

Für einen Moment glaube ich, sie meint es ernst,

und strecke die Hand aus. Aber da presst sie die Lippen zusammen und schleudert die Kamera mit voller Wucht auf den Betonboden.

Das Gehäuse zerschellt, und Mie stößt einen entsetzen Laut aus.

In meinem Kopf hallt das Krachen nach.

Und hört gar nicht mehr auf.

»*So* schön sind deine Haare übrigens auch wieder nicht«, sagt Mitra und dreht sich um. Mie bleibt stehen, Mund und Augen weit aufgerissen.

Ich kann mich nicht bewegen. Das Geräusch wird lauter, durchdringender, schmerzhafter und wiederholt sich immer wieder, wie ein Lied in Dauerschleife. Ich kann nicht auf Stopp drücken. Weiß nicht wie. Bis mich die Schulglocke wachrüttelt. Ich zucke zusammen, schnappe nach Luft. Hoffe, alles war nur ein Albtraum. Aber da liegt sie, die Kamera, die Mama mir schenken wollte, in tausend Stücken.

Ich gehe nie wieder raus.

Ich breche die Schule ab. Ich kann nicht mehr zurück.

Ich ertrage es nicht, Yousef zu sehen. Ertrage es nicht, Mie und Mitra zu sehen.

Und vor allem ertrage ich es nicht, Trine zu sehen.

Ich bleibe zu Hause bei Papa. Er kann schreiben, ich werde fotografieren. Keiner stört den anderen.

Vielleicht kommt Sven uns manchmal besuchen, vielleicht schaffen wir uns auch eine eigene Katze an. Papa und ich. Nur wir zwei.

Ich schließe die Tür auf und sehe nicht mehr zurück, stelle den Rucksack auf den Boden und hänge meine Jacke auf. Es fühlt sich an, als wäre es das letzte Mal. Als ich meine Schuhe ins Schuhregal räume, verliere ich für einen Moment das Gleichgewicht und muss mich an der Wand abstützen. Wann kann ich wieder normal atmen?

Stille im Flur, in der Küche, im Wohnzimmer.

Ich halte sie nicht aus, nicht jetzt.

Ich reiße den Kühlschrank auf, mit so viel Schwung, dass die Flaschen in der Tür gegeneinander klirren. Ich finde nichts, worauf ich Lust habe.

Mein Magen meldet sich mit einem lauten Knurren.

Ich will Pizza. Mit extraviel Käse.

Aber ich habe keinen Nerv, mir eine zu machen. Hab keinen Nerv für nichts.

Scheiße!

Ich denke an Papa.

Warum ist es so verdammt still?

Aber dann schleichen die Geräusche sich zurück, und ich versuche, mich zu erinnern, wann ich das letzte Mal mit Papa gesprochen, wann ich ihn das letzte Mal gesehen habe. Ich öffne die Schlafzimmertür. Das Bett ist leer, und ich blicke über die Schulter in den leeren Flur. Gehe ins Wohnzimmer, obwohl ich dort schon war, obwohl ich weiß, dass Papa nicht im Wohnzimmer ist.

Ist er rausgegangen? Ausgerechnet jetzt, wo ich für immer hier drinnen bleibe?

Mein ganzer Körper schmerzt, und ich stürme ins Bad.

Da finde ich ihn.

Er liegt auf dem Boden. Die Augen geschlossen, eine Wunde auf der Stirn, die Hose bis zu den Knöcheln runtergezogen.

»Papa«, sage ich und bleibe in der Tür stehen, »Papa«, hundert Mal, bis ich mich vorbeuge und ihn berühre. Er ist warm, er lebt, aber er wacht nicht auf.

Papa. Papa. Papa. Papa. Papa.

Blut an seiner Stirn, Blut am hochgeklappten Klodeckel. Aus seinen Boxershorts blitzt die Poritze hervor, die Brille sitzt auf seinem Kopf. Warum zum Teufel hat er sich die Brille auf den Kopf geschoben?

»Papa, bitte«, flehe ich. Meine Stimme zittert, aber meine Hände, die ihn schütteln, zittern noch mehr.

Papa. Papa. Papa. Papa!

Ich hole mein Handy heraus, überlege, ob ich Trine anrufen soll, aber jetzt bin nicht ich der Notfall. Also wähle ich 112 und erkläre, was los ist, Papa müsse ausgerutscht sein und habe sich den Kopf am Klo angeschlagen. Ich erzähle vom Blut und entdecke im selben Moment gelbe Tropfen auf den Fliesen.

Es riecht nach Urin.

Ich gebe die Adresse durch. »Machen Sie schnell!«

Bevor ich mich zu ihm lege, ziehe ich ihm die Hose hoch. So wie er jetzt daliegt, dürfen sie ihn nicht finden. Dann umarme ich ihn, atme seinen Geruch ein, vermisse ihn.

Es dauert nicht lange, dann höre ich den Rettungswagen, das Poltern von Schritten im Hausflur, drei Männer kommen herein und knien sich neben Papa auf den Boden, schicken mich raus, weil es im Badezimmer zu eng ist, und dann stehe ich im Flur, trete unruhig von einem Fuß auf den anderen und schlinge mir die Arme um den Körper, als müsste ich mich selbst auf den Beinen halten.

Einer der Männer sagt, Papa sei »dehydriert« und habe deshalb vermutlich das Bewusstsein verloren, und erst da sehe ich, wie trocken und rissig Papas Lippen sind, als hätte er seit einer Ewigkeit nichts getrunken, und das ist meine Schuld, scheiße, es ist meine Schuld.

Als die Männer ihn auf eine Krankentrage hieven, wird Papa wach. Aus vernebelten Augen sieht er zu mir herüber.

»Sanna«, flüstert er, und ich stürze zu ihm und nehme seine Hand.

Einer der Männer stellt irgendwelche Fragen, aber Papa und ich hören nicht hin.

»Meine Aufzeichnungen«, sagt Papa und zeigt mit der freien Hand ins Wohnzimmer Richtung Schreibtisch.

Als ich mich umdrehe, sehe ich, dass die Schublade offen steht.

Meine Beine sacken weg. Papas Hand gleitet aus meiner.

Zwei der Männer tragen ihn zur Wohnungstür, aber Papa lässt den Blick nicht von mir ab, bis er verschwunden ist. Der dritte Sanitäter wendet sich mir zu, seufzt und schaut mich sorgenvoll an. »Es muss schlimm gewesen sein, deinen Vater so zu finden.«

Und: »Gut, dass du uns sofort angerufen hast.«

Dann: »Alles wird gut.«

Ich nicke.

»Soll ich jemandem Bescheid geben? Deiner Mutter?«

Ich denke an Papas Zettel, vollgeschrieben mit Geschichten, Gedichten, Gedanken und Träumen. Ich habe sie alle verbrannt.

Nein, sage ich. Ich hätte Mama schon angerufen. Sie komme bestimmt bald zurück.

Am nächsten Tag gehe ich nicht zur Schule.

Nach und nach füllt sich mein Kopf mit Geräuschen.

Das Tor zur Straße klappert auf und zu, jemand kommt nach Hause, dann noch einer, unsere Nachbarin von oben singt, Miauen auf dem Hof, der brummende Kühlschrank, die Heizungsrohre im

Bad – all das höre ich, während ich das Blut vom Fußboden und von der Klobrille schrubbe. Dann ist Schluss. Mehr Geräusche lasse ich nicht in mich rein.

Ich schrubbe, um mich abzulenken, um nicht an Yousef, Mie, Mitra und Trine zu denken. Ich schrubbe, um nicht an Papa zu denken, daran, dass er hier lag, um zu vergessen, dass alles meine Schuld ist. Die Gummihandschuhe quietschen, das Putzwasser plätschert ... aber sonst ist es still.

Ich bin allein, und als mir bewusst wird, was das bedeutet, beginne ich zu zittern.

Ich muss mich beschäftigen. Also putze ich auch das restliche Badezimmer und sauge den Flur, und wo ich schon mal dabei bin, beziehe ich Papas Bett neu und meins auch, wische die Küchenschränke sauber und schmeiße abgelaufene Lebensmittel weg. Ich werfe die Waschmaschine an, schüttle die Sofakissen und die Wolldecke aus dem Wohnzimmerfenster aus.

Ich staube das Bücherregal ab, den Plattenspieler, den Fernseher, die Bilderrahmen an der Wand, atme die staubgetränkte Luft ein. In der Wohnung ist es so still, dass mir der Schädel brummt, dass ich meine Haare und Nägel wachsen höre und sogar, wie sich meine Beine strecken.

Aber dann ist alles blitzblank geputzt, und ich weiß nicht, was ich noch machen soll.

Ich setze Kaffee auf und lausche, wie die Kanne sich Tropfen für Tropfen füllt, schalte das Radio an und trinke so hastig, dass ich mir den Gaumen verbrenne und die Tasse so fest auf den Tisch knalle, dass sie in meiner Hand zerbricht, ich zucke zurück, und der heiße Kaffee tropft von der Tischplatte auf mich und die Küchenbank und den Boden, und als ich mich aus dem nassen Pulli schäle, bekomme ich Gänsehaut am ganzen Körper, weil im Radio ein Lied von Kent läuft.

Wäre ich da,
wärst du da,
heute, gestern.

Da muss ich raus, frische Luft atmen.

Unten im Innenhof setze ich mich zu Sven auf die Bank und kraule ihn hinter den Ohren, während er sich schnurrend auf den Rücken rollt und sich den Bauch putzt.

Ob Yousef die Einwegkamera gefunden hat?

Was passiert, wenn wir die Bilder entwickeln lassen? Wenn alles vorbei ist? Oder ist es längst vorbei und der Film wird nie voll? Bleiben wir Freunde? Verschwindet er, so, wie Mie verschwunden ist? Sogar Papa ist verschwunden. Und ich bin mir sicher, Trine verschwindet auch, ich gehe ja jetzt nicht mehr zur Schule.

Plötzlich bleibt mir die Luft weg. Als hätte mir jemand mit voller Wucht die Faust in die Magengrube gerammt.

Was, wenn ich es bin? Wenn es an mir liegt, dass sie alle verschwinden?

Ich sehe dich, hat Trine gesagt.

Und ich habe mich weggedreht.

Stoße ich alle von mir weg? Bin ich wirklich so feige?

Ich sehe zu Sven. Der Einzige, der nicht verschwindet.

Keine Ahnung, wie lange ich mit dem Kater im Arm dasitze, aber als irgendwann die ersten Tropfen fallen, gebe ich ihm einen Kuss auf den Kopf und stehe widerwillig auf. Drinnen drehe ich das Radio voll auf und schalte den Fernseher ein, sorge für so viele Geräusche wie möglich. Dann lege ich mich in Papas Bett. Meine Haare sind feucht, und obwohl es warm ist unter der Decke, zittere ich.

Hier bleibe ich jetzt, denke ich und schließe die Augen, sauge den Radio- und Fernseherlärm in mich auf, bis für andere Geräusche kein Platz mehr ist.

Mittwoch, Donnerstag. Die Uhr zeigt sieben Uhr, fünfzehn Uhr, halb vier Uhr morgens. Ich trinke Kaffee, ständig klingelt oder summt das Handy, und ich glaube, einmal klopft es sogar an der Tür.

Ich höre Papas Kent-Sammlung durch. Trinke zu jeder Platte einen Kaffee, und mit jedem Album, jeder Tasse, werden meine Hände zittriger, bis am Ende auch mein Kopf, die Beine, die ganze Welt durchgeschüttelt werden.

Die Welt bebt, und Papa ist immer noch nicht zu Hause, obwohl schon Freitag ist.

Wie es ihm wohl geht? Da, wo er jetzt ist. Denkt er an mich, ist er wütend auf mich? Weiß er, dass sein kostbarster Besitz für immer weg ist?

Ich schiebe den Gedanken beiseite, krieche unter eine Decke aufs Sofa und starre den Fernseher an, der jetzt seit Tagen läuft. In den Nachrichten wird von einem schweren Unfall berichtet, mehrere Pkws sind mit einem Lastwagen kollidiert, dramatische Musik,

Gesichter in Zeitlupe, schreckerfüllte Augen. Effekte, um den Ernst der Lage zu unterstreichen. Ich merke, dass meine Zunge trocken wird, weil ich mit offenem Mund auf den Bildschirm glotze. Ich schlucke, schließe die Augen und denke daran, wie wenig Hoffnung es gibt. Dann zucke ich zusammen. Es hat geklopft, diesmal bin ich mir sicher. Ich schleiche in den Flur und lege ein Ohr an die Tür. Am liebsten würde ich fragen: *Wer ist da?, Papa, bist du's?*, aber ich traue mich nicht, ich lausche nur. Es klopft wieder, und ich bringe keinen Ton zustande, bin schockstarr, bis ich höre, wie jemand die Treppe hinuntergeht und das Haus verlässt.

Vorsichtig öffne ich die Tür und spähe in den Hausflur. Auf der Fußmatte liegt die Einwegkamera mit einem Post-it:

Du bist dran ☺

Ich setze mich in die Küche, lege das Kinn auf die Tischkante und betrachte die Kamera. Ich bin erleichtert, dass Yousef nicht aufgibt, dass er weitermachen will. Obwohl ich nicht mal weiß, was ich fotografieren soll. Obwohl ich ihn bestimmt auch weggestoßen habe. Aber trotzdem scheint er an mich zu glauben. Trotzdem ist er noch da. Auch wenn er jetzt Mitra hat, was auch immer zwischen den beiden läuft.

Zum ersten Mal seit einer Ewigkeit greife ich nach meinem Handy.

Mein Herz macht einen kleinen Hüpfer, als ich sehe, dass Trine angerufen hat. Eine unbekannte Nummer hat eine Nachricht auf die Mailbox gesprochen. Henrik fragt auf Facebook nach den Biohausaufgaben. Und Mie hat mir ein Snap geschickt.

Von ein paar Stunden erst. Ich weiß selbst nicht, was ich mir erhoffe. Vielleicht entschuldigt sie sich, vielleicht vermisst sie mich, vielleicht hat sie Mitra in den Wind geschossen, weil sie nichts mehr mit ihr anfangen kann, weil Mitra keine echte Freundin ist. Vielleicht hat sie sich an unseren ersten Schultag erinnert, daran, warum wir beste Freundinnen wurden, warum wir das für immer bleiben sollten.

Aber der Snap besteht aus einem Selfie von Mitra mit der Caption *Traust du dich nicht mehr in die Schule?* Nach zehn Sekunden verschwindet das Bild. Ich knalle das Handy auf den Küchentresen.

Es ist Freitag, und Papa ist immer noch nicht zu Hause.

Ich muss mich daran erinnern zu atmen.

Ich lege mich in sein Bett, hinterlasse feuchte Flecken auf dem Kopfkissen. Denke an Yousef. An die Gefühle, die schon so viele vor mir empfunden haben, daran, dass die Seele zittern kann. Und plötzlich komme ich mir so winzig klein vor in Papas Bett, als würde die Welt um mich herum immer größer, während ich zusammenschrumpfe und in dem bodenlosen Meer aus Gefühlen und Gedanken versinke. Ich wünschte, man könnte es fotografieren, das Gefühl, der letzte Mensch auf Erden zu sein.

Papa, wo bist du?
Ich denke an die Blätter, die ich verbrannt habe. An die offene Schublade, an Papas Blick, als er hinausgetragen wurde. Ich reiche nicht aus, meine Arme sind zu kurz. Ich kann ihn nicht berühren, kann ihn nicht umarmen. Kann die Welt und mich nicht gleichzeitig festhalten.
So sollte das alles nicht werden.
Ich verliere jedes Zeitgefühl, aber als es keinen Gedanken mehr gibt, den ich noch nicht gedacht habe, wird mir klar, dass ich nicht einfach so rumliegen kann, wenn Papa zurückkommt. Also stehe ich auf und schleppe mich mit hämmernden Schläfen ins Wohnzimmer, sehe mich um.
Wo kommt das Chaos her? Was hab ich gemacht?
Ich muss aufräumen, bevor er zurückkommt. Denn er kommt zurück. Nur wann, weiß ich nicht.
Zuallererst räume ich die Platten in alphabetischer Reihenfolge ins Regal. Dann beziehe ich Papas Bett neu und meins auch, obwohl ich, seit er weg ist, nicht einmal darin geschlafen habe. Und hatte ich es nicht gerade erst frisch bezogen?
Mein Kopf tut weh. Wann ist er voll, wann läuft er über?

Ich werfe die Spül- und die Waschmaschine an, und plötzlich geht mein Atem ruhiger, gleichmäßiger, die Kopfschmerzen lassen nach, und ich merke, wie hungrig ich bin. Ich will Pizza! Und zwar keine tiefgekühlte, sondern eine richtige. Papa und ich verdienen eine richtige Pizza.

Ich suche im Internet ein Rezept raus, das nicht allzu aufwendig wirkt. Hole Mehl, Hefe und Olivenöl aus dem Schrank und verrühre alles mit Wasser und einer ordentlichen Prise Meersalz. Während der Teig geht, reibe ich den letzten Rest Käse und finde im Kühlschrank sogar ein Paket Tomatensoße. Ich heize den Ofen vor, rolle den Teig aus, bestreiche ihn mit Soße, lege Tomatenscheiben drauf und streue Käse drüber. Dann schiebe ich das fertige Blech in den Ofen und sehe zu, wie die Kruste knusprig wird. Ich decke den Tisch, zwei Teller, Servietten, Besteck, zwei Gläser eiskaltes Wasser. Ich trinke einen großen Schluck und fülle das Glas gleich wieder auf.

Fertig.

Ich muss daran denken, wie Mie und ich das erste Mal allein bei ihr zu Hause waren. Ihre Mutter hatte Pizza für uns bestellt. Wir haben uns zwei große Weingläser Traubensaft eingeschenkt und uns dann vorgestellt, wir wären in Italien. Wir unterhielten uns auf Quatschitalienisch und malten uns aus, wir würden später zusammen Urlaub machen, nur Mama Mie und Sanna Sonne.

Der Käse dampft, und während die Pizza abkühlt, fotografiere ich sie. Sie sieht ziemlich gut aus, wie eine echte italienische Pizza, fehlen nur noch Wein und Mie. Oder vielleicht eher Yousef und Papa.

Dann gehe ich zur Tür, lege die Einwegkamera auf die Fußmatte und mache ein Bild mit dem Handy. Ich schicke es Yousef auf Facebook, ohne Nachricht oder Kommentar, nur die Einwegkamera, genau da, wo er sie hingelegt hat.

Danach sehe ich mich in der Wohnung um. Alles ist blitzblank und aufgeräumt. Ich habe nichts mehr zu tun.

Also setze ich mich an den Tisch. Wann habe ich das letzte Mal gegessen? Ich weiß es nicht. Die Pizza duftet fantastisch. Der Käse ist immer noch so heiß, dass ich mir beim ersten Bissen den Gaumen verbrenne, aber das macht nichts. Es schmeckt so köstlich, dass ich esse, als wäre es das allererste Mal.

Da klopft es wieder.

Ich lege mein mittlerweile viertes Pizzastück auf den Teller, wische mir den Mund ab, gehe in den Flur und horche an der Tür.

»Sanna, mach schon auf«, sagt Yousef, und mein Herz bleibt stehen.

Obwohl ich weder Hallo noch Herein sage, tritt Yousef sich die Füße ab und kommt in die Wohnung. Er zieht die Jacke und den Schal aus und hängt sie auf.

Zielstrebig geht er ins Wohnzimmer, als wäre er hier zu Hause. Ich folge ihm, als wäre ich nur zu Gast.

»Bist du allein?«, fragt er und sieht sich um. Dann zieht er eine Schallplatte aus dem Regal und wiegt sie in der Hand.

»Ja«, antworte ich.

»Bei dem Geruch kriegt man ja glatt Hunger«, sagt er und lacht.

»Ich hab Pizza gemacht.«

»Oh, yummy.«

Er liest die Rückseite der Hülle und zieht die Platte heraus.

»Ist die gut?«,

»Ja, aber die hier ist besser«, antworte ich und ziehe *Hagnesta Hill* aus dem Regal. Wenn er das allererste Mal Kent hört, soll es auch das allerbeste Album sein.

Die Musik breitet sich im Zimmer aus, Jokke singt und ich summe mit, bis ich merke, dass Yousef lacht. Da schließe ich die Augen. Die Bridge trifft mich mit solcher Wucht, dass mir fast die Luft wegbleibt.

Du hast ein Loch in meine Carbonseele gebohrt,
und ich vergesse es nicht,
solange mein Herz schlägt.

Yousef wirkt nicht besonders beeindruckt.
»So ein Deprizeug hörst du?«, fragt er und hebt eine Augenbraue.
Ich merke, wie ich rot werde. Wenn er *das* für Deprizeug hält, sollte er erst mal *Du und ich, der Tod* hören.
»Was meinst du?«
»Na ja, sorry ... aber so was höre ich nicht.«
Die Art, wie er *so was* sagt, irritiert mich.
»Und was hörst *du*?«, frage ich bissig.
»Na, du weißt schon, Arif und so.«
»Arif?«
»Du kennst Arif nicht? Macht ziemlich coolen norwegischen Rap. Unge Ferrari ist auch nicht schlecht.«
Ich werde noch röter.
»Klar kenne ich Arif«, sage ich, obwohl ich den

Namen allerhöchstens irgendwo gelesen habe (auf einem Poster in Mies Zimmer?). Bei Unge Ferrari klingelt allerdings rein gar nichts.

»Also, es gibt natürlich auch ganz andere Lieder von Kent«, sage ich angesäuert, gehe zum Plattenspieler und versetze die Nadel.

Wenige Sekunden später füllt ein treibender Schlagzeugrhythmus den Raum, eine kratzige Gitarre, ein massiver Bass, eine ausgelassene Stimme. Ich glaube es selbst kaum, aber plötzlich bewege ich mich zur Musik. Erst zucken meine Schultern, dann die Arme, die Hüften, die Beine, und dann – tanze ich! Zu meinem Erstaunen klopft Yousef mit den Füßen den Takt, und dann tanzt er mit, spielt abwechselnd Luftgitarre und -schlagzeug. Auf einmal sind wir die beste Band aller Zeiten.

Und wenn du tanzt, bist du wie ich,
aber niemand ist wie du.

Ich drehe die Lautstärke voll auf, und Yousefs Haare wippen mit der Musik. Anschließend spielen wir das ganze Album, die fröhlichen und die traurigen Songs, bis irgendwann nur noch das einsame Kratzen der Nadel zu hören ist.

»Okay«, sagt Yousef und wischt sich mit dem Handrücken die Stirn, wie Papa das immer macht. »Das war ziemlich cool.«

»Ziemlich cool? Das war fantastisch!«, rufe ich und spüre ein warmes Kribbeln.

»Kent ist ...« – ich suche nach den richtigen Worten–, »... wie nach einem anstrengenden Tag oder einer langen Reise nach Hause zu kommen.«

Yousef blickt mich fragend an.

»Ich finde in den Texten und in der Musik immer genau das, was ich gerade brauche«, füge ich hinzu.

Da ist ein Glitzern in seinen Augen, und ich sehe schnell weg, weil ich schon wieder rot werde.

»Ist von der Pizza noch ein Stück für mich übrig?«, fragt Yousef und steuert zielstrebig auf die Küche zu.

»Klar«, antworte ich.

»Hast du Besuch erwartet?«, fragt er, als er den Tisch sieht. »Oder ist das für mich?«

Mir wird mulmig bei dem Gedanken, dass ich für zwei gedeckt habe.

»Nein«, sage ich. »Oder ...«

Scheiße, wie peinlich ...

»... nein.«

Glücklicherweise nimmt Yousef ohne ein weiteres Wort Platz. Er greift zu, schlingt fast das halbe Pizzastück auf einmal herunter und macht »Mmmmh«.

Ich nehme mir auch noch ein Stück, auch wenn mir schon fast schlecht ist.

Es ist Freitagnachmittag, und ich esse selbst gemachte Pizza mit Yousef.

Dann fängt er an zu erzählen. Von seiner Mutter,

die meistens traurig ist. Von seiner großen Schwester, die das Jugendamt, vor einiger Zeit in einer anderen Familie untergebracht hat. Davon, dass seine Schwester vor ein paar Tagen zu Besuch gewesen sei, aber sie und seine Mutter hätten nur gestritten.

Ich höre zu und muss plötzlich an Mitra denken. Redet er mit ihr auch über solche Dinge? Oder macht er das nur mit mir?

»Meine Mom braucht mich«, sagt er und reißt mich aus meinen Gedanken. »Sie braucht mich wirklich.«

Ich nicke, denn ich weiß, was er meint. Ich weiß es nur zu gut.

Er senkt den Blick.

»Aber ich hab Angst, dass sie mich ihr auch wegnehmen«, sagt er zögernd. »Das klingt jetzt vielleicht bescheuert, aber ich weiß nicht, wie Mama allein klarkommen soll. Sie würde das nicht schaffen.«

Ich beuge mich vor und lege meine Hand auf seine, ziehe sie aber schnell wieder zurück. Trotzdem blickt er kurz auf und lächelt.

Er erzählt, er würde in der Oberstufe gern den Medienschwerpunkt wählen, sei sich aber nicht sicher, ob seine Mutter damit einverstanden wäre.

»Du weißt, sie will, dass ich später was Vernünftiges mache«, sagt er und nimmt sich noch ein Pizzastück.

Ich kaue und schlucke, genauso wie Yousef. Als sein Mund leer ist, fragt er: »Warum warst du die ganze Woche nicht in der Schule?«
Ich seufze und erzähle, dass etwas passiert ist, dass Papa wegmusste. Aber es sei nicht so schlimm, er komme bald wieder zurück.
Besonders überzeugend klinge ich offenbar nicht.
»Und *was* ist passiert?«, fragt Yousef skeptisch.
Da fasse ich mir ein Herz.
»Er liegt im Krankenhaus. Er ist gestürzt und hat sich verletzt.« Es fühlt sich fremd an, das laut auszusprechen.
Trotzdem erzähle ich weiter, und Yousef hört mir zu. Ich erzähle ihm alles, und während er mich ansieht, zähle ich sämtliche Brauntöne seiner Augen.
»Deshalb gehe ich nicht mehr zur Schule«, schließe ich.
»Ist es wegen mir?«
Ich schaue ihn fragend an. »Was meinst du?«
»Ist es wegen ...« – er zögert einen Moment – »... wegen Mitra?«
Zum ersten Mal höre ich, wie er ihren Namen sagt.
»Ich hab von der Sache mit deiner Kamera gehört.«
Er senkt wieder den Blick. Als würde er sich schämen.
Ich brauche einen Moment, um mich zu sammeln.

»Nein«, lüge ich dann. Ich starre auf die Tischplatte und frage mich, was er genau gehört hat.

Bevor er geht, drückt er mir die Einwegkamera in die Hand.
»Du hast sie doch gerade erst zurückgekriegt!«, protestiere ich und stupse seine Hand zurück.
Er beißt sich auf die Lippe, als wollte er ein Grinsen unterdrücken.
»Hast du etwa schon ein Bild gemacht?«, frage ich verblüfft.
Ich ziehe meine Hand zurück und starre die Kamera an. Da kommt Yousef einen Schritt näher, legt die Arme um mich und drückt mich an sich. Ich spüre seine Wange an meiner, die Wärme, die aus seiner Brust in mich hineinströmt. Dann lässt er plötzlich los, dreht sich um und geht.
Leise ziehe ich die Tür zu.
Ich seufze, weil die Wohnung auf einmal so unglaublich leer ist.
Warum kann ich ihn nicht nach Mitra fragen? Warum stelle ich ihn nicht einfach zur Rede? Warum ist er so nett zu mir, warum kommt er her, warum gibt er sich Mühe, wenn er mit *ihr* zusammen ist? Warum, warum, warum?
Plötzlich habe ich den Geschmack von Tomatensoße und geschmolzenem Käse im Mund. Ich renne ins Bad. In dem Moment, in dem ich in den Spiegel

sehe, kommt alles hoch, und ich schaffe es gerade noch zur Toilette, bevor ich mich übergeben muss, bevor alles herausbricht, was sich in mir angestaut hat, alles.

Danach bin ich so leer, wie ich mich fühle.

Tage werden zu Nächten, die zu Tagen werden. Als plötzlich jemand klopft, überlege ich, ob schon Montag ist. Mit hämmerndem Herzen renne ich in den Flur und reiße die Tür auf. Yousef? Papa? Keiner von beiden. Im Treppenhaus stehen zwei Frauen, die ich nie zuvor gesehen habe.

»Hallo«, sagt die eine in Bergenser Dialekt. Sie ist groß und schlank, blond, und ihr sommersprossiges Gesicht verschwindet fast hinter einem dicken Schal. Die zweite ist etwas kleiner, hat ein runderes Gesicht, türkis gefärbte Locken und einen Ordner unterm Arm.

»Bist du Sanna?«, fragt die Türkise. »Ich heiße Marie, das ist Amalie. Wir arbeiten fürs Jugendamt. Wir haben ein paarmal versucht, dich anzurufen, konnten dich aber nicht erreichen.«

Ich denke an die vielen entgangenen Anrufe und ungelesenen Nachrichten der letzten Tage.

»Sanna?«, fragt die Blonde, die offenbar Amalie heißt.

»Ja?«

Ich habe nicht den leisesten Schimmer, was hier gerade vor sich geht.

Haben sie wirklich *Jugendamt* gesagt? Das Jugendamt, das Yousefs Schwester mitgenommen hat?

»Dürfen wir kurz reinkommen?«, fragt Maria.

Trotz aller Ermahnungen, keine Fremden reinzulassen, weiche ich unwillkürlich zur Seite.

»Schön habt ihr's hier«, sagt Maria und streift ihre Jacke ab. Sie lächelt mich breit und freundlich an, aber ich erwidere das Lächeln nicht.

»Ja, wirklich!«, sagt Amalie und sieht sich um.

Ich folge ihrem Blick und atme erleichtert auf. Alles ist geputzt. Sie nehmen mich doch bestimmt nicht mit, solange die Wohnung so blitzblank ist. Oder doch?

Sie sagen, dass Papa im Krankenhaus liegt.

Ich fange an zu zittern. Ein Gefühl, als würde ich gleichzeitig zu Eis gefrieren und in Flammen aufgehen. Dass er im Krankenhaus liegt, war mir klar, und trotzdem fühlt es sich schrecklich an, wie sie es laut aussprechen.

Meine Augen brennen, und ich merke, wie ich behutsam auf einen Stuhl in der Küche bugsiert werde.

»Wir wissen, dass das nicht leicht ist, Sanna«, sagt Maria und legt eine Hand auf meine. »Dein Vater ist gerade in einer Psychiatrie untergebracht.«

Sie betont das Wort *Psychiatrie*.

Ich komme mir vor wie ein Ballon, aus dem die Luft entweicht.

»Psychiatrie?«, frage ich, als wüsste ich nicht, was das bedeutet. Es bedeutet, dass es Papa nicht gutgeht, und zwar im Kopf. Dass er keine körperlichen, sondern seelische Schmerzen hat. Dass er an dem Tag dehydriert war, war nie das Problem. Tief drinnen war mir das die ganze Zeit bewusst. Und eins steht fest: Es ist meine Schuld, das alles ist meine Schuld.

Ich stütze meinen Kopf in die Hände, als hätte ich Angst, er fällt sonst ab.

Maria erklärt, die Ärzte hätten erst mit der Zeit verstanden, dass Papas Frau tot und seine vierzehnjährige Tochter allein zu Hause ist.

»Er hat von deiner Mutter gesprochen, als wäre sie noch am Leben«, fügt sie hinzu.

»Und du hast den Sanitätern gesagt, sie würde bald zurückkommen, nicht wahr?«, ergänzt Amalie.

Ich schaue zu Boden. Meine Kiefer verkrampfen sich. Lügen ist so einfach. Etwas vorzuspielen, das nicht wahr ist.

»Aber als niemand in die Klinik kam, haben die Ärzte verstanden, dass etwas nicht stimmt.«

Ich zucke zusammen. *Dass etwas nicht stimmt.*

Amalie fragt, ob ich jemanden anrufen möchte, mit dem sie auch ein paar Worte wechseln könnten. Ob es jemanden gibt, der sich die nächsten Tage oder

Wochen um mich kümmert, bis Papa wieder gesund ist und nach Hause zurückzieht.
Mir kriecht ein Schauer über den Rücken. Sie sagt das, als wäre er von zu Hause ausgezogen, als hätte er sich bewusst dafür entschieden, mich hier allein zu lassen.
Die erste Person, die mir einfällt, ist Trine. *Du kannst mit mir über alles reden. Das weißt du doch?* Aber damit hat sie bestimmt nicht gemeint, dass ich bei ihr einziehen kann.
Dann denke ich an Yousef und seine Schwester. An seine Mutter, die nicht allein sein darf.
»Nein«, sage ich dann. »Zu Papas Eltern haben wir keinen Kontakt. Und Mamas Eltern hab ich nie kennengelernt.«
Maria und Amalie sehen mich schweigend an.
»Nein. Es gibt niemanden«, sage ich und bereue es sofort, denn schon im nächsten Moment fangen sie an, von einer Unterbringungshilfe zu faseln.
»Was zum Teufel ist eine Unterbringungshilfe?«, frage ich so aggressiv, dass ich meine Stimme kaum wiedererkenne. Mein Magen grummelt, ich brauche dringend einen Kaffee.
Maria erklärt, die Unterbringungshilfe kümmere sich um die kurzfristige Aufnahme von Minderjährigen in einer Notsituation.
»Notsituation?«, platze ich heraus und fahre vom

Stuhl hoch. Es gibt hier nur eine Notsituation, nämlich dass ich auf der Stelle einen Kaffee brauche.

»Also«, sagt Amalie zögernd, »nachdem das mit deinem Vater passiert ist ...«

Passiert ist, dass ich nicht für ihn da war, als er mich gebraucht hätte! Dass ich mich nicht genug um ihn gekümmert und das Einzige verbrannt habe, was ihm noch etwas bedeutet hat!

Am liebsten würde ich ihnen das ins Gesicht schreien. Aber stattdessen marschiere ich unruhig in der Küche auf und ab und versuche, mich zu sammeln.

Ich gehe zur Kaffeemaschine, fülle den Tank mit Wasser und den Filter mit Kaffeepulver. Maria und Amalie lassen mich nicht eine Sekunde aus dem Blick.

»Sanna«, sagt Amalie. »Du musst uns keinen Kaffee kochen.«

Sie reden weiter, aber ich höre nichts, bis die Kaffeemaschine endlich den lauten Signalton von sich gibt. Ich nehme eine Tasse aus dem Schrank und schenke mir ein. Aus dem Filter fallen Tropfen auf die heiße Wärmeplatte. Es zischt und riecht verbrannt.

Mit dem Rücken zu den beiden leere ich die Tasse fast in einem Schluck. Nehme den beißenden Geruch wahr, die Stimmen, die hinter mir meinen Namen sagen und in meinem Kopf zu einem dumpfen Echo verschwimmen.

Ich denke an Papas Augen, als er die Tasse nach mir geschleudert hat. Mama ist tot, hatte ich gesagt. Papas tiefschwarzer Blick.

»Sanna«, höre ich wieder, und da mache ich das Gleiche, schleudere die Tasse auf den Boden und sehe dabei zu, wie sie zerspringt. So wie meine Kamera. Dann wird es still.

»Ich bleibe hier«, sage ich. »Bis Papa zurückkommt.« Ich scheiß drauf, ob sie mich mitnehmen wollen, so wie Yousefs Schwester. Ich scheiß drauf! Wenn Papa zurückkommt, bin ich hier. Mache alles wieder gut. Ich gehe nirgendwohin.

Maria und Amalie tauschen einen Blick.

»Wir können dich leider nicht hier allein lassen«, sagt Maria. »Das ist keine gesunde Situation für dich. Wir sehen, dass es dir körperlich nicht gutgeht.«

Kein Kommentar zu den Scherben und Kaffeespritzern auf dem Fußboden.

»Ich bin alt genug, um allein zu sein«, protestiere ich.

»Ja, vielleicht. Trotzdem ist es wichtig, dass jemand für dich sorgt.«

»Ich kann für mich selbst sorgen.«

Sie sehen doch, wie sauber die Wohnung ist. Sie haben es vorhin selbst gesagt.

»Das bezweifelt auch keiner«, sagt Amalie und lässt den Blick durch die Küche schweifen.

So eine saubere Küche haben sie noch nie gesehen, da bin ich mir sicher. Abgesehen von den Scherben vielleicht.

»Dann lasst mich hier!«

»Sanna. Im Moment kann noch niemand sagen, wann dein Vater wieder gesund ist. Und bis dahin brauchst du Hilfe, Unterstützung. Du muss mit jemandem darüber reden, was du durchgemacht hast. Du hast dir so viel Verantwortung aufgebürdet, jetzt musst du endlich wieder du selbst sein dürfen. Du musst essen und –«

»Papa braucht mich! Er braucht mich wirklich!«

Tränen schießen mir in die Augen. Woher wollen sie wissen, ob ich mir zu viel Verantwortung aufgebürdet habe? Woher wollen sie wissen, was ich durchgemacht habe, ob ich genug esse?

Ich kämpfe gegen die Tränen an, weigere mich, vor den beiden zu weinen.

»Er braucht dich, und du brauchst ihn. Aber dein Vater ist für dich verantwortlich, nicht umgekehrt. Und im Moment bist du ein Kind ohne elterliche Fürsorge. Vielleicht ist das schon länger so und niemand hat etwas gemerkt. Es ist Zeit, dass sich jemand um *dich* kümmert und dafür sorgt, dass es *dir* gut geht.«

Ich schaue zu Boden. Die Kaffeespritzer, die kaputte Tasse. Dann renne ich los und mache einen Satz über die Scherben. Schnappe mir Schuhe, Jacke und die Einwegkamera.

»Ich bin kein Kind!«, rufe ich in die Küche zurück.

Ich renne nach draußen und immer weiter und bleibe erst am Park stehen, um mir Jacke und Schuhe anzuziehen. Meine Füße sind nass, ich habe kein Handy dabei, aber das macht nichts.

In drei großen Schritten sprinte ich bei Rot über die Kreuzung. Autos hupen mich an, Fahrradreifen quietschen, aber das ist jetzt egal.

Ich renne.

Bis ich vor dem Eingang der Ullevål-Klinik stehe. Psychiatrische Abteilung.

Mir hämmert das Herz wie nach einer Verfolgungsjagd, als wäre ich der Verbrecher in irgendeiner Krimiserie.

Hinter dem Empfang sitzt eine Frau mit Telefonhörer am Ohr.

»Hallo«, sage ich, aber sie scheint mich nicht zu bemerken. »Entschuldigung.«

Sie blickt gelangweilt auf. »Wie kann ich dir helfen?«

Fast sage ich *Papa*, aber stattdessen flüstere ich: »Mikkel Waage.«

Die Empfangsdame setzt sich eine Brille auf und tippt etwas in den Computer.

»Zimmer 347«, sagt sie, ohne aufzuschauen. »Aber die Besuchszeit ist fast –«

Den Rest höre ich nicht mehr. Ich renne los, den

Flur hinunter und die Treppe in die dritte Etage hinauf. Dreihundertvierundvierzig, Dreihundertfünfundvierzig, Dreihundertsechsundvierzig. Dreihundertsiebenundvierzig.

Ich stelle mich auf die Zehenspitzen und spähe durch das kleine Fenster oben in der Tür.

Da drinnen liegt er, auf einem Sofa. Die Augen geschlossen, die Haare verwuschelt. Dunkelblaue Jogginghose, grauer Kapuzenpulli, ein aufgeschlagenes Buch auf der Brust, die Brille in der Hand.

Das Herz trommelt mir in den Ohren.

Langsam drücke ich die Klinke runter und schleiche mich hinein.

Mein Mund ist trocken, und meine Handflächen sind klamm. Ich gehe neben dem Sofa in die Hocke. Betrachte Papas Gesicht, die winzigen Sommersprossen auf der Nase, die Fältchen unter den Augen, die Bartstoppeln, die ungekämmten Haare, als hätten wir uns seit Monaten nicht gesehen. Sein Brustkorb hebt und senkt sich ruhig und gleichmäßig, vielleicht so ruhig wie noch nie. Obwohl er mir so nah ist wie schon lange nicht mehr, hatte ich noch nie solche Angst, ihn zu verlieren.

»Papa«, flüstere ich.

Er schlägt die Augen auf.

Ich hatte noch nie solche Angst. Habe ihn noch nie so sehr vermisst.

»Sanna«, sagt er und setzt sich blitzschnell auf.

Mein Name aus seinem Mund. Ein Echo in meinem Kopf, im Körper, im Herzen.

Er schleudert das Buch beiseite und setzt sich die Brille auf. Dann streckt er die Arme aus und zieht mich zu sich aufs Sofa. Er drückt mich so fest, dass ich seine Rippen spüre, seine Haut. Sein Herz pocht gegen meins. Seine Bartstoppeln, das kühle Brillengestell.

Fast sage ich *Mikkel*, aber stattdessen flüstere ich: »Papa.«

Ich zittere und kann kaum denken, so heftig brodelt der Vulkan in meinem Bauch, und obwohl ich dagegen ankämpfe, kommen mir die Tränen. Ich habe Angst, dass ich laut losschreie und schluchze, dass ich explodiere und Papa und ich in Stücke zersplittern.

Ich bin so müde, aber ich muss durchhalten.

Meine Wangen werden heiß. Ich wische mir die Tränen weg, löse mich aus seiner Umarmung und richte mich auf.

Ich schniefe laut, und Papa zeigt sein eckiges Lächeln unter den eckigen Brillengläsern. Aber im selben Moment sehe ich die Sorge in seinen Augen. Natürlich ist er besorgt.

Mein Papa, mein weltbester Papa.

»Ich hab dich so vermisst, meine Kleine«, sagt er und drückt mich noch mal. Ich lege mein Kinn auf seine Schulter und sehe mich um. Ein niedriges Regal, eine Kommode, ein kleines Waschbecken, eine Tür, vermutlich zum Klo. Ein Bett und das Sofa, auf dem wir sitzen.

»Es tut mir leid«, flüstere ich so leise, dass nur ich es höre. Ob hier genug Platz für mich ist? Ob ich hier einziehen kann?

»Was machst du hier, Sanna?«, fragt Papa, als hätte er meine Gedanken gelesen.

»Ich will, dass du mit nach Hause kommst«, sage ich und merke, wie mein Herz schneller schlägt. Jetzt muss ich die richtigen Worte finden, jetzt geht es um alles.

»Sanna –«, sagt Papa, aber da nehme ich seine Hände.

»Hör zu, Papa! Du kommst mit mir nach Hause. Ich kann jetzt Pizza backen, eine richtig gute, vielleicht die beste aller Zeiten. Die schmeckt so viel besser als Tiefkühlpizza, ich versprech's dir!«

Er starrt auf unsere Hände.

»Sanna«, sagt er bestimmt und mit ernster Stimme.

»Papa«, erwidere ich noch bestimmter, noch ernster. »Alles wird gut. Ich habe einen Plan!«

Und dann bricht es aus mir heraus: »Ich hab mir überlegt, dass wir uns eine Katze anschaffen. Und mit der Schule mache ich von zu Hause weiter, damit wir öfter zusammen sind. Außerdem hab ich dann mehr Zeit, um mich aufs Fotografieren zu konzentrieren.

Um richtig gute Bilder zu machen, so wie Mama sich das gewünscht hat. Weißt du, was ich meine?« Meine Stimme zittert, aber ich höre nicht auf: »Es ist zwar noch etwas hin, aber ich glaub, ich will mich nächstes Jahr für den Medienschwerpunkt bewerben. Ich will fotografieren, Papa.«

»Sanna«, wiederholt er. »Du bist so wunderbar.« Ich schrumpfe zusammen, werde wieder ein kleines Kind.

»Okay, heißt das, *ich* soll *hier*bleiben?«, frage ich halb im Spaß, halb ernst.

»Nein«, sagt er und lacht leise. »Nein, Sanna. Das geht beides nicht.«

Ich schnappe nach Luft. »Wie meinst du das?« Ich schreie fast.

»*Meine* Sanna«, sagt er und klingt, als würde er tatsächlich mit einem Kind reden. »Du kannst nicht hierbleiben. Und ich kann nicht mit nach Hause kommen. Jedenfalls noch nicht.«

Mit einem Ruck ziehe ich die Hände zurück und presse sie mir auf die Ohren, aber es nützt nichts, ich höre ihn trotzdem.

»Ich weiß, dass zwei Sozialarbeiterinnen nach dir sehen wollten.«

Seine Stimme zittert.

Als würde er sich schämen.

»Waren sie nicht da?« Er zögert einen Moment, atmet tief durch. »Sanna. Du musst auf sie hören.

Und du musst mit ihnen mitgehen, damit du versorgt bist, solange ich ... solange ich hier bin.«

Er starrt auf seine Hände.

»Ich brauche nämlich Hilfe.«

Bitte fang nicht an zu weinen. Ich weiß nicht, ob ich das aushalte.

»Im Moment muss ich hier sein«, fährt er fort. »Und deshalb brauchst du auch Hilfe. Eine Familie, die auf dich aufpasst, bis ich wieder auf den Beinen bin. Du schaffst das, das weiß ich. Du musst.« Er macht eine Pause und sieht mich an. »Du bist so dünn, Sanna –«

Nein. Jetzt reicht es. Ich will das nicht hören. Ich stehe auf und gehe zum Waschbecken. Aus dem Spiegel sieht mich ein fremdes Gesicht an. Das Mädchen im Spiegel hat rot geweinte Augen, einen unordentlichen Pferdeschwanz, rissige Lippen. Ihr Pulli schlabbert, die Schlüsselbeine zeichnen sich kantig unter der Haut ab.

Das bin ich nicht. Das ist nicht mein Leben.

Wieder schießen mir die Tränen in die Augen.

Papa sitzt krumm und mit gefalteten Händen auf dem Sofa, die Haare hängen ihm ins Gesicht.

Das ist nicht mein Papa. Das sind nicht wir.

»Ich hab deine Zettel verbrannt«, presse ich hervor. »Jeden einzelnen. Ich hab dabei zugesehen, wie sie zu Asche und vom Wind weggeweht wurden.«

Er öffnet den Mund, sagt aber nichts.

Da drehe ich mich um und gehe raus.

Im Rücken höre ich seine Stimme, aber ich will nicht wissen, was er sagt.

Es ist dunkel und kalt draußen. Keine Spur mehr von der wärmenden Herbstsonne. Ich knöpfe die Regenjacke zu und denke daran, dass jetzt schon November ist. Ich überquere die Straße bei Rot, aber es sind keine Autos in Sicht, und wenn welche kämen, wäre mir das auch egal.

Wenn das Herz ein Muskel ist, dann hat meins Muskelkater.

Bevor ich die Klinik hinter mir lasse, drehe ich mich noch mal um und mache mit der Einwegkamera ein Bild.

Es blitzt wie bei einem Gewitter. Die Stille vor dem Sturm.

Im Innenhof ist alles wie zuvor. Es ist dunkel, still. Am Geländer der Kellertreppe sind Fahrräder angekettet, vor der Hauswand steht ein Dreirad. Sven döst wie immer auf seiner Bank. Ich setze mich zu ihm, um ihn zu kraulen, und atme alles aus. Sven öffnet die Augen und kommt ganz nah, schnuppert an meiner Stirn und schmiegt sich an mich. Ich nehme ihn hoch und drücke ihn wie ein Kuscheltier, während er mir ins Ohr schnurrt. Am liebsten würde ich mein Gesicht in sein weiches Fell vergraben und mich ausheulen.

Ich schaue zum Wohnzimmerfenster hoch, aus dem erst vor Kurzem Musik drang, weil Papa dahinter getanzt und Abendessen gekocht und für den Moment die Wirklichkeit vergessen und einfach gelebt hat. Ich dachte, es würde ihm besser gehen.

Jetzt ist die Wohnung leer, es sei denn, die beiden Sozialarbeiterinnen sitzen immer noch in der Küche und warten auf mich.

Ich will nicht allein sein, allein ohne Papa. Ich drücke Sven noch fester an mich, halte ihn wie ein Baby und nehme ihn mit nach oben. Schließe die Tür hinter mir zu. Von den Scherben und Kaffeespritzern ist nichts mehr zu sehen.

Nett von den beiden, denke ich und lasse Sven runter. Er trippelt zielstrebig ins Wohnzimmer, als wäre er hier zu Hause. Ihn hier zu haben, fühlt sich vollkommen normal an.

Ich hole eine Packung Makkaroni aus dem Schrank, koche Wasser auf und beobachte die Blubberbläschen, bis die Nudeln gar sind. Dann quetsche ich den letzten Rest Ketchup aus der Flasche und setze mich mit dem Teller vor den Fernseher.

Sven legt sich neben mich und schläft sofort ein. Sein Brustkorb hebt und senkt sich, beim Ausatmen schnurrt er leise. Ich esse, kaue, schlucke. Schiele manchmal zum Fenster, als hätte ich Angst, dabei erwischt zu werden, wie ich in meinem eigenen Wohnzimmer Fernsehen schaue. Als wäre ich hier eingebrochen.

Gleichzeitig fühle ich zum ersten Mal seit Langem eine Art innere Ruhe.

Ich trinke einen Schluck, und als im Fernseher jemand etwas Lustiges sagt, kitzelt mir das Wasser in der Nase. Sven wacht auf, rollt sich in meinem Schoß zusammen und schläft wieder ein.

Ich muss wohl so sitzen bleiben, denke ich und streiche ihm vorsichtig übers Fell. Geräusche dringen durchs Fenster und kriechen in meinen Kopf, kriechen wie Schnecken im Regen. Ich schließe die Augen und versuche, sie auszusperren. Jedes einzelne.

✵

Am nächsten Morgen koche ich Kaffee und füttere Sven mit einem Stück Leberpastete aus dem Kühlschrank. Am übernächsten Morgen bekommt er eine Scheibe Brot dazu, die er verschlingt, als wäre es die letzte Mahlzeit seines Lebens. Am übernächsten Morgen forme ich ein Stück Braunkäse zu einer Kugel und stecke sie auf einen Zahnstocher. Sven schleckt daran wie an einem Lolli.

Ich selber esse vor allem Makkaroni und Reis, bis alle Vorräte aufgebraucht sind.

Seit Montag war ich nicht mehr vor der Tür. Seit dem Abend, an dem ich Sven mit reingenommen, die Vorhänge zugezogen und beschlossen habe, dass so mein neues Leben aussieht. Aber heute ist Donnerstag, und ich brauche Lebensmittel und Katzenstreu. Also ziehe ich mir etwas Richtiges an, wasche mir das Gesicht, binde mir die Haare zusammen, schlüpfe in Schuhe und Jacke und gehe raus.

Es ist Mitte November und so kalt, dass es mir vorkommt, als hätte ich in den letzten Tagen ein ganzes Spätherbstkapitel verpasst.

Am Tor zur Straße hat jemand einen Zettel aufgehängt. Und auf dem Weg zum Supermarkt sehe ich ihn überall, an Straßenlaternen, an der Schule, an der großen Treppe. Sogar am Ladeneingang hängt einer. Bei jedem Zettel setzt mein Herz einen Moment lang aus. Derselbe Text, dasselbe Bild von der derselben roten Katze.

Wer hat Sven gesehen?
Unser Kater Sven ist seit Montag verschwunden.
Wir in der Herman Foss' gate 12 B vermissen ihn sehr.
Sven ist sehr zutraulich und lässt sich leicht anlocken.
Bitte melden Sie sich bei uns, wenn Sie ihn finden.
Finderlohn: 5000 Kronen.

Ich stürme in den Laden, vermeide jeden Augenkontakt, schnappe mir einen Korb und fülle ihn mehr oder weniger planlos. Bananen, Thunfisch, Brot, Milch. Ein paar Dosen Katzenfutter und ein Paket Katzenstreu. Dann stelle ich mich an der Kasse an.

Der Mann vor mir dreht sich um, und sein Blick flackert kurz zwischen mir und dem Einkaufskorb hin und her. Mir wird so warm, dass ich die Jacke aufknöpfen muss.

Weiß er Bescheid? Wissen alle Bescheid? Der Kassierer, die Frau hinter mir in der Schlange? Wissen sie, dass ich den Kater unserer Nachbarn entführt habe?

Ich atme tief durch, bezahle mit Papas EC-Karte und bitte den Kassierer um zwei Plastiktüten, die

Quittung soll er wegschmeißen. Als ich in die Herman Foss' gate biege, steht ein Polizeiwagen vorm Kiosk, zwei Polizisten sprechen in ein Walkie-Talkie. Ich renne los, Hals über Kopf, bis ich hinter mir die Tür abschließen kann.

Ich fülle das Katzenstreu in einen Schuhkarton und löffle eine Portion Katzenfutter in eine Schüssel. Sven macht sich gierig darüber her und schnurrt genüsslich, und ich setze mich neben ihn und warte darauf, dass mein Herz aufhört, so laut zu hämmern.

War die Polizei wegen mir hier? Haben sie mich gesehen? Sucht das Jugendamt nach mir?

Ich kraule Sven den Rücken, aber er bemerkt mich nicht, ist vollkommen damit beschäftigt, die Schüssel blitzblank zu schlecken.

»Sven, wir zwei gegen die Welt.«

Jemand klopft an die Tür, aber ich mache nicht auf. Den Geräuschen nach zu urteilen, steht nur eine Person im Treppenhaus, Maria und Amalie sind es also nicht. Das wiederum heißt, es könnte Yousef sein. Oder Papa. Jemand ganz anderes?

Erst, als ich Schritte auf der Treppe höre, schließe ich auf.

Sven versucht zu entwischen, aber ich versperre ihm blitzschnell mit dem Fuß den Weg. Er streicht maunzend um meine Beine, *bitte, bitte*, fleht er, aber ich schiebe ihn sanft zurück in die Wohnung und zwänge mich durch den Türspalt.

»Sanna!«

Trines warme Augen sehen mich an. Sie steht unten auf der Treppe, mit gelbem Schal und wilden Locken, die Sonnenbrille auf den Kopf geschoben.

Ich erstarre. Erst will ich mich umdrehen und in die Wohnung fliehen, aber da ermahne ich mich dazu, mutig zu sein. Sie nicht von mir wegzustoßen.

Also winke ich ihr zu.

»Schön, dich zu sehen«, sagt sie erleichtert, als hätte sie tatsächlich damit gerechnet, dass ich mich sofort umdrehe. *Ich sehe dich*, schwirrt es mir durch den Kopf.

»Ich dachte schon, du bist nicht zu Hause.« Ich nicke, dann schüttle ich den Kopf. Keine Ahnung, wieso.

»Hey«, sage ich schließlich wie eine Verrückte, die sich tagelang mit ihrer Katze in der Wohnung verbarrikadiert hat. Ehrlich gesagt kann ich mich nicht erinnern, wann ich das letzte Mal normal mit jemandem gesprochen habe.

»Hey«, erwidert Trine, und als sie lächelt, kommen ihre Grübchen zum Vorschein. Fast hätte ich vergessen, wie gut sie ihr stehen.

»Lust auf einen Kakao?«, fragt sie, als wäre sie keine Lehrerin, sondern eine Freundin.

»Ja«, sage ich, weil ich gerade eine Freundin gut gebrauchen könnte.

Als wir an den Polizisten vorbeikommen, ziehe ich den Kopf ein. Wir gehen in ein Café in St. Hanshaugen. Ich war schon mal hier, an einem Samstagmorgen vor hundert Jahren, lange vor meinem ersten Kaffee. Ich habe Kakao getrunken und eine Puddingschnecke gegessen. Mit Mama und Papa.

»Willst du auch was essen?«, fragt Trine. »Wie wär's mit einer Puddingschnecke?«

»Ja, gern«, sage ich und setze mich an einen freien

Tisch. »Und statt Kakao nehme ich lieber einen Kaffee.«

Kurz darauf kommt Trine mit zwei großen Bechern und zwei noch größeren Puddingschnecken zurück.

»Du trinkst also schon Kaffee?«

Noch bevor ich antworte, schlürfe ich einen Riesenschluck.

»Klar, seit fast einem Jahr«, antworte ich. Ich weiß selbst nicht, warum.

»Tatsächlich?«

Ich presse die Lippen zusammen. Warum habe ich nicht mit einem stinknormalen Ja geantwortet?

»Ja«, sage ich zögernd, »ich mag den Geschmack.«

»Ach ja?«

Trine beißt in ihre Puddingschnecke. Ich nehme einen Bissen von meiner.

»Wie geht's dir denn?«, frage ich ein bisschen zu laut.

Sie legt ihre Hände um den Becher und sieht mich nachdenklich an. »Nett, dass du fragst. Aber eigentlich wollte ich wissen, wie es dir geht.«

Ich trinke einen Schluck. Der Kaffee schmeckt süß und bitter zugleich, viel besser als der, den ich zu Hause mache.

»Mir geht's bestens«, sagt Trine, als nichts mehr von mir kommt. »An so einem herrlichen Nachmittag. Die Sonne scheint ... na, du weißt schon.«

Ich nicke. Obwohl ich überhaupt nichts weiß.

»Und was ist mit dir?«, fragt sie, als wäre es das Normalste auf der Welt, dass wir hier zusammen im Café sitzen und plaudern.

Wir beißen noch mal in unsere Puddingschnecken.

Dann schaut sie auf, und ich merke, dass sie mich *sieht*.

»Mir geht's gut«, sage ich so deutlich, als wollte ich die Wörter buchstabieren. So, wie Papa das immer macht.

Mir. Geht. Es. Gut.

Meine Hände zittern, als ich den Becher an den Mund hebe. Und plötzlich nehme ich die Geräusche rundherum wahr, das Brummen der Kaffeemaschine hinter der Theke, ein laufender Wasserhahn, eine Klospülung, Besteckklimpern und Strohhalmschlürfen, das Klirren von Eiswürfeln und Gläsern, heulende Babys im Kinderwagen, Eltern, die sie hochnehmen und ihnen einen Kuss auf die Stirn drücken, Menschenlaute, Gesprächsfetzen.

Ich sperre die Geräusche aus.

Trine sieht mich fragend an, als warte sie auf eine Antwort.

»'tschuldigung, wie bitte?«, frage ich.

Sie sagt, sie habe mich die letzten zwei Wochen in der Schule vermisst. Außerdem habe sich das Jugendamt nach mir erkundigt.

Mein Becher ist leer. Ich bräuchte noch mehr Kaffee, aber ich will sie nicht fragen, will ihr nicht in die Augen sehen, will nicht hier sein.

»Sanna?«, sagt sie, und da weiß ich, dass sie es mir ansieht – und zwar alles. Sie sieht mir an, dass ich eine Katze entführt habe, dass ich mich verstecke, dass ich Papa und mich selbst verraten habe, dass ich zu allen um mich herum gemein und dumm und ungerecht war.

Wollte ich nicht, dass sie mich sieht?

Sie legt ihre Hand auf meine, und da erwidere ich ihren Blick, betrachte ihre Brauen, die Wimpern, die Lachfältchen um ihre Augen. Wie alt ist sie eigentlich? Alt genug, um in einem anderen Leben meine Mutter zu sein?

»Ich vermisse Papa«, rutscht es mir heraus. Meine Stimme zittert. »Ich war bei ihm in der Klinik. Aber er wollte nicht nach Hause mitkommen. Und dann hab ich den Kater unserer Nachbarn entführt, und jetzt hängen überall Zettel, weil sie nach ihm suchen. Aber ich kann ihn nicht zurückgeben. Die vom Jugendamt wollen, dass ich nicht allein bin, und das bin ich jetzt nicht mehr. Ich habe Sven. Ich bin nicht allein. Sven ist bei mir.«

Die Wörter brechen aus mir heraus, und ich höre selbst, wie dumm es klingt. Alles, was ich sage. Alles.

Trine lässt meine Hand los und trinkt einen

Schluck. Dann holt sie tief Luft. Ich wüsste so gern, was ihr durch den Kopf geht, was sie über mich denkt.

»Ich verstehe«, sagt sie sanft.

»Ja«, erwidere ich und warte auf mein Urteil.

»Aber Sanna –«

Ich will nicht hören, was sie zu sagen hat.

»Ich ziehe zu keiner fremden Familie! Ich bin doch kein Kind!«

Das Koffein pumpt durch meine Adern. Trine nickt nachdenklich und schaut ins Leere. Von ihren Grübchen ist keine Spur mehr. Wenn ich für sie und alle anderen nicht immer nur ein Anlass zur Sorge wäre, denke ich. Wenn sie sehen könnten, wie gut ich allein klarkomme.

Das Blut rauscht mir in den Ohren, meine Hände zittern. Mir ist schlecht. Von der halben Puddingschnecke. Von der Vorstellung, noch mehr sagen zu müssen. Ich stehe auf, bedanke mich für den Kaffee und erkläre, dass ich weitermuss. Als wäre mein Kalender voll mit wichtigen Terminen.

Noch bevor Trine dazu kommt, etwas zu sagen, gehe ich nach draußen.

Wie immer verschwinde ich. Wie immer bin ich feige.

Ich überquere die Straße und kämpfe gegen die Tränen an. Zu Hause wartet Sven maunzend an der Tür, aber ich ignoriere ihn und schaue zum ersten Mal seit Tagen auf mein Handy.

Mehrere entgangene Anrufe, ein paar SMS und Benachrichtigungen von Facebook und Snapchat, aber ich ignoriere sie. Dafür mache ich Instagram auf, scrolle runter und like wahllos ein paar Bilder, bis ich bei einem Selfie von Mitra innehalte. Mitra und Yousef. Sie umarmt ihn und küsst ihn auf die Wange. Yousef hat die Augen geschlossen und lächelt verschmitzt.

Darunter steht: *Du bist der Beste <3.*

Ich sehe nach, wer das Bild geliked hat. Mies Name taucht auf und schließlich: Yousef.

Mein Magen verkrampft sich. Ich kriege keine Luft mehr, und auf einmal kann ich die Tränen nicht länger unterdrücken.

Ich öffne eine zwei Tage alte SMS von ihm.

Hey! Danke noch mal für die Pizza.
Hoffe, dir geht's gut! ☺

Sven streicht um meine Beine und maunzt. Dann beißt er mir plötzlich in den Fuß und fängt an zu kratzen. Ich schiebe ihn weg, trete ihn fast, »VERDAMMTER IDIOT!« schreie ich und bin mir nicht sicher, ob ich den Kater, Yousef oder mich selbst meine.

Sven faucht mich an und verschwindet. Mal wieder habe ich jemanden von mir weggestoßen. Ich finde ihn vor der Wohnungstür, und als er mich sieht, miaut er genauso einsam und verzweifelt, wie ich mich fühle. Ich schlucke und zittere immer noch von dem starken Kaffee, gehe in die Küche und trinke Wasser aus der Leitung, aber es hilft nichts, mir ist so schwindlig, dass mir übel wird.

Sven miaut weiter. Laut, ununterbrochen.

Bis ich es nicht mehr aushalte.

Ich stürme in den Flur, baue mich vor ihm auf und stemme die Hände in die Hüften.

»WAS WILLST DU?«, schreie ich, während mir die Tränen an den Wangen herunterlaufen.

Sven blinzelt mich stumm an.

»WARUM MACHST DU SO EINEN KRACH? WAS WILLST DU VON MIR? ICH HAB DIR DOCH FUTTER BESORGT. WAS WILLST DU DENN NOCH?«

Unruhig läuft er vor der Tür auf und ab. Was er will, weiß ich natürlich.

Er ist unglücklich, und das ist meine Schuld.

Wie in Trance nehme ich ihn hoch und reiße die Tür auf. Seine Krallen bohren sich durch den Pulli bis in meine Haut. Ich gehe raus, zum Aufgang nebenan und klingle.

»Hallo?«, fragt eine Stimme über die Türsprechanlage.

»Ich hab Sven gefunden«, sage ich und muss einen Schluchzer unterdrücken.

»Oh! Moment, ich bin sofort unten!«

Schwere, schnelle Schritte im Treppenhaus. Kurz darauf steht eine Frau vor mir und legt die Hände ums Gesicht.

Wortlos strecke ich ihr Sven entgegen. Sie nimmt ihn, küsst ihn ein Dutzend Mal und gibt ein »Oh!« nach dem anderen von sich.

»Tausend Dank«, sagt sie und verdrückt ein paar Freudentränen. »Tausend, tausend Dank! Wo hat der Racker denn gesteckt? Ach, egal. Warte einen Moment, ich hole mein Portemonnaie!«

»NEIN!«, rufe ich. »Ich will kein Geld. Nehmen Sie ihn einfach.«

Schon wieder laufen mir Tränen über die Wangen, und unsere Nachbarin sieht mich mit großen Augen an.

Ich drehe mich um und renne los. Als ich die Wohnungstür zuknalle, hallt im Treppenhaus das Echo meiner Schluchzer nach. Ich kämpfe nicht mehr dagegen an. Ich lehne mich an die Wand und lasse mich zu Boden gleiten, heule, bis mir das Gesicht wehtut.

Ich habe alles weggestoßen, was ich wegstoßen konnte.

Als in meinem Körper kein Tropfen Wasser mehr übrig ist, fasse ich einen Entschluss.

Ich schmiere ein Pausenbrot, koche Kaffee, packe meinen Rucksack, ziehe den Pyjama aus und saubere Klamotten an, putze mir die Zähne und benutze Zahnseide (vermeide es aber, in den Spiegel zu sehen), pinkele, hole eine neue Klopapierrolle aus dem Waschbeckenschrank, bürste mir die Haare und binde sie zusammen, knipse überall das Licht aus, ziehe mir Schuhe und Jacke an, nehme den Müll mit raus, schließe ab und mache mich auf den Weg.

Es ist kalt draußen, aber ich friere erst auf dem Schulhof, den ich nie wieder betreten wollte. Als ich in das Meer aus Gesichtern eintauche, die mich nicht bemerken und die ich nie wiedersehen wollte. Sie starren auf ihre Handys, haben Kopfhörer auf, kauen Kaugummi, spielen Fußball, ich höre Musik, Stimmen, Gelächter.

Ich bin hier, obwohl Freitag und damit fast schon Wochenende ist.

Aber ich werde es ihnen beweisen, Trine und allen anderen. Werde ihnen zeigen, dass alles in Ordnung ist, dass ich allein klarkomme, dass ich mit Pausenbrot, gefüllter Trinkflasche und gemachten Hausaufgaben brav in der Schule antanze, dass ich alle Arbeiten mitschreibe und zur Musik-AG gehe, auch wenn ich jetzt allein lebe, ohne Papa und sogar ohne Sven. Ich werde Mie und Mitra zeigen, dass es mir gutgeht, dass alles okay ist, passiert ist passiert, vergeben und vergessen. Ich brauche sie nicht, ich brauche niemanden.

Dann sehe ich den grünen Schal. Yousefs Haare sind lockiger als sonst, als käme er gerade erst aus der Dusche. Er sieht müde aus und hat die Hände in den Hosentaschen vergraben. Mitra klammert sich an ihn fest.

Sie kann ihn ruhig haben. Ihn brauche ich nämlich auch nicht.

Ich bewege mich auf die beiden zu, ich muss, weil sie unmittelbar vorm Eingang stehen. In ein paar Minuten fängt Norwegisch an, und ich will früh da sein, damit Trine sieht, wie hellwach ich bin.

Yousef entdeckt mich zuerst, sein Lächeln verschwindet, er mustert mich. Er nimmt die Hand aus der Tasche, die freie Hand, an der keine Mitra hängt. Als er mir zuwinkt, entdeckt Mitra mich auch. Und dann sehen sie plötzlich alle zu mir, Henrik, Marius und die anderen, die sich um sie herum geschart haben, der Hofstaat des Königspaars.

Yousef winkt, aber ich reagiere nicht.

Ich gehe rein und nach oben in die Klasse. Gerade als ich die Einwegkamera auf Yousefs Tisch lege, klingelt es. Ich setze mich auf meinen Platz und krame meine Sachen heraus, während mein Herz gegen den Brustkorb trommelt.

Nach und nach kommen die anderen, aber ich sehe starr geradeaus. Yousef nimmt vor mir Platz und dreht sich kurz um, als er die Kamera findet. Dann steckt er sie ein.

Trine stellt ihren Kaffee aufs Pult, legt ihre Tasche ab, holt das Lehrbuch heraus und schaltet den Laptop ein. Erst dann bemerkt sie mich. Sie sieht mich lange an, aber ganz ohne Lächeln. Ich lasse sie. Sie darf starren, solange sie will.

Ich folge dem Unterricht, lese im Buch mit und mache mir Notizen, melde mich sogar ein paarmal. Die erste Fünfminutenpause überstehe ich, ohne mit jemandem zu reden, ohne jemandem in die Augen zu sehen. Vielleicht schaffe ich es tatsächlich. Vielleicht kann ich ihnen beweisen, dass alles okay ist. Mie, Mitra und vor allem Yousef und Trine.

Als es zur großen Pause klingelt, gehe ich zu Henrik und knalle mein Matheheft vor ihm auf den Tisch.

»Hier! Die Hausaufgaben.«

Henrik grinst breit und schlägt mein Heft auf.

»Danke, Sanna, du bist echt cool! Ich wollte dich nicht schon wieder damit nerven! Nach der Pause kriegst du dein Heft zurück.«

Ganz genau. Ich bin cool. Ich setze mich wieder, hole meine Tupperdose heraus und fange an, mein Käsebrot zu essen, wie jeder normale Mensch, während die anderen rausgehen und reinkommen, auch Jahaira, Mie, Helena und Mitra, und vor mir wischt Yousef auf seinem Handy herum. Das Brot schmeckt fade, aber ich esse weiter, weil das normal ist, weil man das so macht. Ich sehe mich um und hoffe, die anderen sehen, wie ich esse und trinke und wunderbar allein klarkomme.

Sie sollen sehen, was ich aushalten kann. Ich gegen den Rest der Welt.

Dann kommt Trine zurück. Sie geht durch die Klasse und verteilt Aufgabenblätter. Bei mir bleibt sie stehen, sie geht in die Hocke, stützt die Ellenbogen auf dem Tisch ab und reicht mir einen Zettel. Bevor ich mit der Aufgabe anfange, würde sie gern mit mir vor der Tür sprechen, erklärt sie. Also stehe ich auf und folge ihr. Wir sind kaum durch die Tür, da blicke ich in zwei bekannte Gesichter, und die wenigen Käsebrotbissen kommen mir sofort wieder hoch.

»Hallo, Sanna«, sagt Maria sanft, aber bestimmt. Neben ihr steht Amalie mit einem Ordner unterm Arm.

»Sanna«, sagt Trine und wendet sich mir zu. Ich hoffe, sie sieht die Enttäuschung in meinem Gesicht, spürt sie bis unter die Haut. Ich dachte, ich könnte mit ihr über alles reden. Ich dachte tatsächlich, ich könnte ihr vertrauen!

»Ich hab etwas zu essen dabei!«, sage ich laut. »Ich hab mir ein Pausenbrot geschmiert! Mit Butter und Käse!«

Amalie und Maria nicken, während Trine mich ängstlich anschaut.

Und dann bricht es aus mir heraus. Alles. Schon wieder.

»Ich hab die ganze Wohnung geputzt, die Betten frisch bezogen und die Wäsche aufgehängt! Ich hab gesund und ausreichend gegessen! Ich hab sogar genug gekocht, um Essen für die nächsten Tage und Wochen einzufrieren.«

Das Letzte ist natürlich gelogen, aber das wissen sie ja nicht.

»Ich hab vielleicht ein paar Tage gefehlt, aber das kommt nie wieder vor, versprochen, ich hole alles nach, Hausaufgaben, Tests, alles. Ich hatte ein paar schlechte Tage, aber das ist doch normal, jeder hat mal einen schlechten Tag! Letzte Nacht habe ich sämtliche Mathehausaufgaben der letzten Wochen nachgeholt und trotzdem genug Schlaf bekommen. Es gibt überhaupt kein Problem. Alles wird gut, mit mir ist alles okay! Versprochen!«

Ich muss nach Luft schnappen. Wahrscheinlich habe ich schon viel zu viel gesagt, aber ich kann mich nicht stoppen.

»Sanna –«, sagt Amalie.

Warum benutzen alle ständig meinen Namen? »Und den Kater habe ich auch zurückgebracht.« Ich wende mich zu Trine um. Sie sieht traurig aus. »Ich hatte den Kater unserer Nachbarn entführt«, erkläre ich Maria und Amalie, »ich weiß, total verrückt, deshalb hab ich ihn ja wieder nach Hause gebracht. Und den Finderlohn hab ich nicht angenommen. Fünftausend Kronen! Aber ich wollte kein Geld, das war mir egal!«

Dabei hätte ich mir davon eine neue Kamera kaufen können, geht es mir durch den Kopf.

»Fünftausend Kronen! Das ist verdammt viel Geld. Für eine Katze! Ha! Ich glaube, die tickt nicht ganz richtig. Wisst ihr, was sie gesagt hat, als ich ihr das Vieh zurückgebracht hab? ›Ich hole schnell mein Portemonnaie!‹ Wer hat bitte schön fünftausend Kronen im Portemonnaie? Die spinnt doch! Außerdem brauche ich keine Almosen. Ich bin kein Kind!«

Ich schreie fast, obwohl mir klar ist, dass ich endlich die Klappe halten sollte.

Trine schlägt sich die Hand vor den Mund und senkt den Blick. Amalie umklammert ihren Ordner. Maria beißt sich auf die Lippe, holt tief Luft und sagt schon wieder meinen Namen. Und dann, mit der ruhigsten Stimme, die ich je gehört habe, als würde sie zum x-ten Mal einen einstudierten Text aufsagen:

»Wir wissen, dass du gerade viel im Kopf hast.

Aber die Sache ist die: Du solltest dir über all das keine Gedanken machen müssen. Jetzt im Moment ist es vielleicht nicht leicht zu verstehen, aber dein Leben ist gerade komplizierter, als es sein sollte. Und so muss das nicht sein. Jetzt gerade bist du ein Kind ohne elterliche Fürsorge.«

Sie soll aufhören. *Ich bin kein Kind*, will ich schreien. Aber ich lasse sie weiterreden, halte ihrem Blick stand.

»Du bist zwar fast fünfzehn, aber du brauchst trotzdem jemanden, der sich um dich kümmert. Auch wenn du schon für dich selbst sorgen und kochen kannst und zur Schule gehst, heißt das nicht, dass du das allein schaffen *musst*. Du bist nicht allein, Sanna.«

Es wird still im Flur. Die Erwachsenen tauschen einen Blick, dann sehen sie mich an. Ich höre sie seufzen. Ein Seufzer, zwei Seufzer, drei Seufzer.

Und da begreife ich, dass überhaupt nichts okay ist.

Das Käsebrot, die frische Bettwäsche.

Das ist alles nicht genug.

Weil ich nicht genug bin.

Dann höre ich Geräusche. Wie zum ersten Mal.

Die Geräusche um mich herum.

Den tropfenden Wasserhahn auf dem Mädchenklo. Plopp, plopp, plopp. Das Brummen des Kühlschranks in der Mensa. Irgendwo hämmern Handwerker, schlagen einen Nagel nach dem anderen ein, während jemand die Treppe runterpoltert, so laut, dass es von den Wänden widerhallt, eine Stufe nach der anderen, bis eine Tür zufällt und die Schritte verstummen. Geschrei aus dem Kindergarten nebenan, eine Schaukel quietscht, Gummistiefel platschen in Pfützen, Sandburgen werden festgeklopft. Dann die Geräusche von der Straße, Fahrräder, Autos, Fußgänger, die an der Ampel auf Grün warten oder bei Rot die Straße überqueren oder im Gehen gegen ihre Einkaufstüten treten. Väter mit Sporttaschen, Mütter mit Kinderwägen. Tretroller, irgendwer hat seinen Schlitten zu früh rausgeholt und zerrt ihn geräuschvoll über den Asphalt. Der junge Kassierer im Supermarkt zieht eine Ware nach der anderen über den Scanner, gibt ein, zwei, drei Tüten heraus und wartet, während diese kleine Maschine die Quittung druckt, er reißt sie ab und reicht sie einem Kunden, der laut telefoniert und nichts mitbekommt, worauf der Kassierer einen entnervten Seufzer ausstößt.

Ich höre Flugzeuge, Autos, Menschen, Tiere, alle Regenschauer, Schneestürme, Waldbrände und Naturkatastrophen, die die Welt je erlebt hat.

Und dann höre ich die Geräusche, die von mir kommen. Mein Herz klopft unrhythmisch, meine Lunge zieht sich zusammen und dehnt sich aus, mein Magen knurrt, in meinem Bauch gluckert Wasser, meine Wimpern treffen aufeinander, ich schmatze mit den Lippen, mein Nasenloch pfeift, während ich immer schneller und heftiger atme. Und ich denke an Papa und an Kent, und plötzlich kommen mir das Käsebrot und der Kaffee von heute Morgen hoch, ich verliere das Gleichgewicht. Ich kann mich nicht auf den Beinen halten, ich falle, und das Letzte, was ich sehe, bevor alles um mich schwarz wird, sind die Flammen, die Papas Wörter verschlucken.

Ich vermisse Mamas Pfannkuchen. Sonntage vorm Fernseher, Sommertage im Park, Softeis vom Kiosk und Seilspringen. Ich vermisse es, Bücher zu lesen, Kakao mit Sahne zu bekommen und mich in einem nach Weichspüler duftenden Pyjama in frische Bettwäsche einzukuscheln. Ich vermisse Abendbrot und gekochte Eier und Nutellabrötchen an Samstagen. Ich vermisse Brettspiele, Monopoly, Ludo, und Schachspielen mit Mama, obwohl ich es nicht hinbekomme, obwohl mir die Regeln einfach nicht in den Kopf wollen.

Ich vermisse es, Bus und Straßenbahn zu fahren, manchmal vermisse ich sogar die U-Bahn. Ich vermisse es, zu fröhlicher Musik rumzuzappeln, das Trampolin bei Mie im Garten, letzte Schultage, Kunst und Werken und die Musikstunden, in denen wir singen und selbst ausgedachte Choreografien tanzen, Klassenpartys mit Limo und angebranntem Popcorn, den Feueralarm und trockene Socken auf nassem Asphalt.

Ich vermisse es, am Computer zu sitzen, Hilfe bei den Mathehausaufgaben zu bekommen, ich vermisse das Federmäppchen, das ich in der Vierten verloren habe, die Schulpantoffeln, die in der Siebten nach Sport verschwunden waren, ich vermisse Mama, die meine Bücher in Papier mit Katzenmuster einschlägt.

Ich vermisse Svens Miauen im Innenhof, sein weiches Fell, seine warmen Küsschen, den strengen Fischgeruch, wenn er gähnt.

Ich vermisse St. Hanshaugen. Die Bäume im Park, die kleine Brücke, die Findlinge, auf die ich früher geklettert bin, die Wiese, die Sonne, den steilen Schlittenhang im Winter. Ich vermisse die Herman Foss' gate. Das gelbe Schulgebäude, das mich ans Mumintal erinnert, das kleine Geschäft, vor dem in den Sommermonaten Blumen und Zeitungsständer stehen, frisches Obst, Wassermelonen, Avocados und Bananen, ich vermisse den Mann, der immer am Eingang sitzt und raucht und mir Hallo sagt und für alle Passanten ein Lächeln übrig hat.

Ich vermisse Pausenbrote und Wandertouren mit Thermoskanne, ich vermisse Wollsocken, Handschuhe und Schals. Ich vermisse das Gehen in Zweierreihen, ich vermisse es, Kieselsteine und Tannenzapfen vor mir herzukicken, ich vermisse nasse Gummistiefel und Hotdogs mit Ketchup.

Ich vermisse Mie.

Ich vermisse Yousef.
Ich vermisse Mama.
Ich vermisse Papa.
Ich vermisse es, zu fotografieren.

Stimmen wecken mich.
Ich liege auf einem Sofa, in eine Decke eingemummelt. Ich reibe mir die Augen und gähne und fühle mich so unglaublich leer, wie ausgehöhlt.

Ich weiß nicht, wo ich bin, aber obwohl ich nie hier war, strahlt das Zimmer etwas Bekanntes aus. Die Farben der Vorhänge, der Teppichboden, die Sofakissen. Ich rieche Kaffee, aber auf dem Couchtisch steht nur ein Wasserglas.

Langsam richte ich mich auf und trinke einen Schluck.

Ich habe zu wenig gegessen, zu wenig getrunken. Ich war nicht genug.

Dann horche ich an der Wand und höre eine Frauenstimme, die mir bekannt vorkommt. Für einen kurzen Moment denkt etwas in mir, dass es Mama ist. Es kann nicht sein, das weiß ich, und trotzdem wünsche ich mir, dass sie gleich ins Zimmer kommt, sich zu mir setzt, meine Hand nimmt und für immer die Kälte aus meinem Bauch vertreibt. Dass sie sagt, das letzte Jahr sei nur ein Albtraum gewesen, jetzt sei ich endlich aufgewacht.

Ich lasse mich wieder zurücksinken und stelle mir vor, dass Mama mich zugedeckt hätte.

Aber sie war es nicht. Es war Mie! Plötzlich steht sie in der Tür, die Jacke über den Arm gelegt, die Augen rot geweint.

Ich sage nichts, weiß nicht mal, ob ein Ton rauskäme.

Mie schweigt ebenfalls, aber dann kommt sie aufs Sofa zu, legt ihre Jacke über einen Sessel und setzt sich zu mir.

Erst will ich mich wegdrehen, aber mir fehlt die Kraft.

Wo bin ich hier?

»Es tut mir so leid«, flüstert sie.

Ich starre sie an, wie am allerersten Schultag.

»Mitra ...« – sie zögert einen Moment – »ich hab ihr gesagt, sie muss dir eine neue Kamera kaufen.«

Ich bekomme immer noch keinen Ton heraus.

»Sanna, ich verstehe, dass du sauer bist.«

Ich kann mich nicht daran erinnern, wann sie das letzte Mal meinen Namen gesagt hat. Oder daran, wann ich zuletzt ihre Stimme gehört habe.

»Und das ist okay. Aber du sollst trotzdem wissen, dass es mir leidtut. Alles.«

Ich will antworten, aber ich kann den Mund nicht öffnen.

Im Nebenzimmer sind wieder Stimmen zu hören. Ein paar Sekunden später steht Trine in der Tür. Sie wirkt erleichtert, mich wach zu sehen. Im selben Moment schmilzt etwas in meinem Bauch. Weil Trine hier ist, weil mir langsam klar wird, wo ich bin.

»Mie, lässt du mich kurz mit Sanna allein?«

Mie geht zur Tür, dreht sich aber noch mal um und sieht mich einen Moment lang an. Dann verlässt sie das Zimmer.

»Sanna«, sagt Trine. Sie hat wie immer diesen besorgten Ausdruck in den Augen. »Das alles tut mir so leid. Aber ich bin froh, dass du wach bist. Wie geht's dir? Ist dir warm genug? Frierst du? Brauchst du etwas?«

So schwierige Fragen. Aber es fühlt sich gut an, dass sie in der Nähe ist. Es fühlt sich gut an, dass ich bei ihr zu Hause bin. Trotzdem ist die Kälte aus meinem Bauch noch nicht ganz verschwunden. Ich antworte nicht.

»Hier ist noch jemand, der dich gern sehen möchte«, sagt Trine dann und blinzelt eine Träne weg. Sie dreht sich zur Tür, und plötzlich steht er da, mit verwuschelten Haaren und eckigen Brillengläsern. Ich habe ihn überhaupt nicht kommen gehört. Seine Lippen sind zittrig und seine Augen blank, aber ich sehe, wie viel Mühe er sich gibt, wie sehr er sich anstrengt, für mich zu lächeln.

»Hallo«, sagt er und kämpft mit den Tränen.

Trine geht zu ihm, legt ihm eine Hand auf die Schulter und flüstert: »Ist schon gut.«

Dann lässt sie uns allein.

Eine gefühlte Ewigkeit steht Papa reglos da. Er starrt mich mit seinen glasigen Augen an, ich starre zurück. Auch als er endlich auf mich zukommt, wendet er den Blick keine Sekunde von mir ab. Er setzt sich auf die Sofakante, so wie Mie und Trine vorhin.

Gleich weint er, denke ich.

Aber stattdessen nimmt er mich in den Arm und drückt mich. Er wiegt mich vor und zurück, wie er es früher immer gemacht hat. Es tut mir so leid, dass ich seine Zettel verbrannt habe. Und plötzlich fühle ich mich tatsächlich wie früher, wie ein Kind, dicke Tränen laufen mir an den Wangen hinunter, aber gleichzeitig weiß ich, wir können es schaffen.

Ein paar Stunden später kommt Mie zurück und bringt mir die Kamera, die Mitra gekauft hat. Wir sitzen zusammen auf dem Sofa. Papa ist mit Trine in der Küche. Obwohl wir die meiste Zeit schweigen, bleibt Mie eine ganze Weile bei mir. Zur Abwechslung ist sie diejenige, die sich Mühe gibt. Genug Mühe für uns beide.

Sie nimmt die Kamera vom Couchtisch und drückt sie mir in die Hand. Als ich die Bildanzeige öffne, taucht auf dem Display das letzte Foto auf, das ich gemacht habe.

Ich schaue Mie fragend an. Sie seufzt und beißt sich auf die Lippe. »Die Speicherkarte war nicht kaputt«, erklärt sie. Nervös klicke ich mich durch die Galerie. Bis ich zum allerersten Bild komme. Dem Bild von Mama. Ich werfe Mie einen dankbaren Blick zu. Dann muss ich an Yousefs Instagram-Post denken. »Du hast es gewusst. Dass ich das Mädchen in dem roten Anorak bin.«

Mie sieht mich lange an, bevor sie antwortet.

»Ja«, sagt sie schließlich. »Aber ich hab Mitra nichts gesagt. Sie ist von allein draufgekommen.«

»Hast du mich an den Haaren erkannt?«

»Nein. Am Anorak.«

»Am Anorak?«

»Ja. Er hat deiner Mutter gehört, oder?«

Ich nicke. Nicht, dass ich ihr schon verziehen hätte, aber es fühlt sich gut an, sie bei mir zu haben, als wäre nichts passiert. Ja, jetzt im Moment ist es tatsächlich so, als wäre nichts passiert. Weil ich Mamas Bild in der Hand halte.

Mie nimmt die Kamera und dreht das Objektiv zu mir, zu uns. Sie rückt ein bisschen näher und legt den Finger auf den Auslöser. Ich mache ein Peace-Zeichen und lächle, obwohl es noch wehtut. Anschließend knipst Mie ein paar Bilder mit dem Handy.

Zum Abschied drückt sie mich, bestimmt ein Dutzend Mal, und sagt, dass wir uns ja bald in der Schule sehen. Kaum ist sie weg, klingelt es an der Tür. Und plötzlich steht Yousef im Zimmer, den Blick zu Boden gerichtet, bis er hinter seinem Rücken eine Schallplatte hervorzieht.

»Ich war mir nicht sicher, ob du die schon hast«, sagt er, und seine Stimme klingt anders als sonst, vorsichtiger. »Aber ich hab einen Kumpel gefragt, der in einem Plattenladen arbeitet. Und der meinte, das sei das neueste Album.«

Er reicht mir die Platte, und ich wiege sie in den Händen, streiche mit den Fingern über die Vorder- und die Trackliste auf der Rückseite. Mein Bauch kribbelt bei der Vorstellung, dass es Kent-Lieder gibt, die ich zum allerersten Mal hören kann.

Und dann liegt plötzlich die Einwegkamera vor mir.

»Du bist dran«, sagt Yousef und setzt sich neben mich. »Der Film ist fast voll.«

Am liebsten würde ich sein Gesicht in die Hände nehmen und ihm einen Kuss geben, einen langen zärtlichen Kuss. Aber so werden wir nie zusammen sein. Daran glaube ich nicht. Eine grausame Vorstellung, dass jemand einem im selben Moment so gut und so weh tun kann. Denn es tut weh daran zu denken, dass Yousef mich mag. Und er mag mich. Das weiß ich einfach.

Er sieht mich entschuldigend an, und da wird mir klar, dass er es auch weiß. Er weiß, dass ich ihn mag. Für jetzt ist das genug.

Ich muss mir überlegen, was mein allerletztes Bild mit der Einwegkamera wird.

Mit der Kent-Platte werde ich noch warten, bis ich sie mir zusammen mit Papa anhören kann.

Dann klopft es an der Tür. Trine und Papa kommen herein, mit Amalie und Maria vom Jugendamt. Sofort füllt sich mein Bauch mit Eis, aber es schmilzt, als sie erklären, sie hätten mit Papa und der Klinik und auch mit Trine gesprochen.

Als sie ihren Namen sagen, hellt sich Trines Gesicht auf.

Es sei das Beste, wenn ich noch eine Weile hier bei ihr bleibe. Bis Papa wieder so gesund ist, dass er nach Hause kommen kann.

»Ich beeile mich, versprochen!«, wirft Papa ein, und die anderen lachen. Ich lächle, weil ich stolz bin. Auf Papa, der so verdammt mutig ist.

»Und wenn es so weit ist, werden wir euch helfen«, erklärt Maria. »Wir wollen, dass es euch gut geht. Dass du, Sanna, fast fünfzehn, sein kannst, und dass Mikkel dein Vater ist.«

Ich nicke vorsichtig.

Es ist nicht meine Schuld, war es nie.

Abgesehen von der Sache mit dem verbrannten Papierstapel. Ich sehe zu Papa und versuche, mich mit dem Blick bei ihm zu entschuldigen. Schon okay, antwortet er. Auch mit den Augen.

»Sanna«, sagt Trine. »Könntest du dir das vorstellen? Für eine Weile hier bei mir zu bleiben?«

Sie greift nach meiner Hand und drückt sie ganz fest. Ich erwidere den Druck und nehme allen Mut zusammen.

»Ja.«

Am anderen Ende des Sofas wischt Papa sich eine Träne aus dem Augenwinkel. Dann strahlt er.

»Dann wird es so gemacht«, sagt er entschlossen, und zum ersten Mal seit einer Ewigkeit ist er mein Vater. Zum ersten Mal seit einer Ewigkeit haben seine Augen wieder eine Farbe.

Schon am nächsten Montag gehe ich wieder zur Schule. Trine findet es noch zu früh, aber ich bestehe darauf, ich freue mich sogar ein bisschen.

Kurz bevor Norwegisch anfängt, setze ich mich auf meinen Platz und hole meine Sachen raus. Nach und nach füllt sich die Klasse. Stühle ratschen über den Boden, Bücher werden schwungvoll auf die Tische geknallt.

Ganz normale Geräusche.

Trine stellt ihren Kaffee aufs Pult, geht die Klassenliste durch und lächelt allen zu. Als Erstes: Aziz, Yousef. Zuletzt: Waage, Sanna. »Hier!«, rufe ich, und Trine sieht mich an, wie sie alle angesehen hat. Und trotzdem *weiß* ich, dass ihr Lächeln für mich bestimmt ist. Genau jetzt lächelt sie mich an.

Und heute drehe ich mich nicht weg.

Sonst scheint alles beim Alten.

Yousef sitzt immer noch vor mir.

Erst als ich zu Mie und Mitra schaue, merke ich, dass sich doch etwas verändert hat. Mie sieht mich an, sie lächelt sogar und winkt vorsichtig. Ich lächle und winke zurück.

Wir sollen ein Gedicht schreiben.

»Lasst euch von Menschen um euch herum inspirieren. Denkt an eine Begegnung, die euch traurig, wütend, glücklich gemacht hat. Denkt an eine Begegnung, die etwas in euch bewegt hat«, erklärt Trine.

Ist es möglich, dass ein Mensch so viele Gefühle auf einmal in einem weckt? Einen im selben Moment glücklich und unglücklich macht?

Ich sehe zu Yousef. Denke an Papa. Ja, es ist möglich.

Ich hole die neue Kamera aus dem Rucksack und merke plötzlich, dass Mitra zu mir sieht, *zu mir*, nicht zu Yousef. Als ich in ihre Richtung schaue, senkt sie schnell den Blick und lässt die Haare vors Gesicht fallen.

Ich klicke mich durch die Bildansicht. Das Selfie von Mie und mir, Papas Wuschelkopf unter der Bettdecke, Bäume, Bürgersteige, der Park in St. Hanshaugen, Grünerløkka, Sven im Innenhof und dann: Yousef. Ich zoome seine Augen heran, zähle fast eine Million Wimpern.

Yousef hat sich Kopfhörer aufgesetzt und schreibt ohne Pause. An wen denkt er? An Mitra? Mie hat mir erzählt, zwischen Yousef und Mitra sei Schluss, eigentlich habe es überhaupt nie richtig angefangen.

Ob eine klitzekleine Chance besteht, dass er an mich denkt?
Ich lege die Kamera beiseite und hole mein Handy raus, um auch Musik zu hören. Das neueste Kent-Album. Papa und ich haben es ein paarmal durchgehört, Trine war auch dabei.
Dann suche ich in meinem Kopf nach Wörtern, auch wenn die Bilder den meisten Raum einnehmen.

Gedicht
von Sanna Waage

hab mein Herz geöffnet
und vergessen, es zu schließen,
du bist reinspaziert,
hast es dir bequem gemacht,
hast gesagt: hier bin ich,
hier bleib ich,
egal, was kommt,
lass mich nie mehr gehen!

Ich lege den Bleistift weg, lehne mich zurück und lese mir das Gedicht durch. Gar nicht so übel, denke ich, aber eine Schriftstellerin ist wohl nicht an mir verloren gegangen. Ich denke an Papa. Ob es ihm leichtfällt, sich Geschichten auszudenken?
Ich lasse den Blick durch die Klasse schweifen.

Trine nippt hinterm Pult an ihrem Kaffee und blättert in einem Buch.
Yousef hat inzwischen aufgehört zu schreiben. Er hat das Kinn in die Hand gestützt und kaut auf seinem Bleistift herum, als wäre er tief in einen Tagtraum versunken.
Plötzlich vibriert mein Handy. Eine Nachricht von Papa:

> Bis Donnerstag! Ich freu mich schon! ☺♥

Ich antworte, dann schicke ich Mie eine Nachricht:

> Die Kamera macht echt die besten Selfies.

Sie antwortet prompt. Mit fünf Emojis.

Am Mittwoch lassen Yousef und ich die Fotos von der Einwegkamera entwickeln. Nach der letzten Stunde wartet er vorm Klassenzimmer auf mich. Er verabschiedet sich von Henrik, ich hole meine Sachen aus dem Spind, und dann gehen wir gemeinsam die Treppe runter.
Auf dem Weg durch Grünerløkka sagen wir kaum ein Wort, Hände in den Hosentaschen, das Geräusch von Schuhen in Pfützen, bis wir das Fotogeschäft im Zentrum erreichen. Der Verkäufer fragt, ob wir die

Bilder gegen einen kleinen Aufpreis schon in einer Stunde abholen wollen. Wir nicken einander zu. »Ja!«, sagen wir im Chor.

Um die Zeit totzuschlagen, gehen wir in den Park und trinken Kakao.

Als Yousef fragt, ob ich mich an alle Bilder erinnere, die ich mit der Einwegkamera gemacht habe, muss ich kurz nachdenken. »Ja«, sage ich dann, »und du?« Er lächelt und nickt, ohne zu zögern. Ich trinke einen Schluck. Ist die Stunde bald rum, dauert es noch lange? Es wird still zwischen uns, aber das ist okay. Wir haben Kakao und gleich bekommen wir unsere Bilder.

Ich hole meine Kamera heraus und klicke mich durch die Galerie, Bäume, Sven, Gebäude, Treppen, Schaukeln – bis ganz zurück zu dem Bild von Mama. Tränen steigen mir in die Augen, und ich drehe das Display zu Yousef.

»Hier«, sage ich, »das ist meine Mutter.«

Yousef stellt den Kakao ab und nimmt die Kamera. Sein Blick flackert zwischen dem Bild und mir hin und her. Dann schleicht sich das breiteste Grinsen aller Zeiten auf sein Gesicht.

»Du siehst ihr echt kein bisschen ähnlich.«

»Sie ist heute vor einem Jahr gestorben«, sage ich und lasse den Blick durch den Park schweifen. Vor uns plätschert ein Springbrunnen, Menschen hetzen auf dem Weg zur und von der Arbeit an uns vorbei.

Es ist grau, der Dezember rückt näher. Genauso habe ich ihn in Erinnerung, den Tag vor einem Jahr.

Ich sehe zu Yousef. Er erwidert meinen Blick, mit seinen großen braunen Augen, und schaut mich an, als würde er mich am liebsten in eine Decke wickeln und festhalten. Ich glaube, ich würde es zulassen.

Dann summt mein Handy, eine SMS vom Fotoladen, die Bilder sind fertig.

»Los!«, sage ich und springe auf.

Yousef sieht mich verdattert an.

»Die Bilder abholen«, erkläre ich.

»Ah!«

Er steht auf und gibt mir die Kamera zurück, so vorsichtig, als halte er die Erinnerung an Mama in den Händen. Ich nehme sie, und dann machen wir uns auf den Weg.

Obwohl ich protestiere, besteht Yousef darauf, die Bilder zu bezahlen.

»Mein Geburtstagsgeschenk«, sagt er, und ich werde rot. Er weiß tatsächlich, dass morgen mein Geburtstag ist.

Wir nehmen den Fotoumschlag und verlassen den Laden.

»Vielleicht können wir irgendwo reingehen. Ist ganz schön kalt geworden«, sagt er und reibt die Hände aneinander.

Also gehen wir zu Trine. Als sie Yousef sieht, zwinkert sie mir zu und überlässt uns das Wohnzimmer. Ich habe nicht viele Sachen von zu Hause hier, schließlich ziehe ich bald wieder zurück. Aber Papas Kent-Sammlung habe ich natürlich sofort geholt, als Trine meinte, sie hätte einen Plattenspieler, den sie nie benutzt.

Ich lege die Platte von Yousef auf, und wir setzen uns aufs Sofa.

»Okay, bereit?«, fragt er, und da werde ich nervös – nicht wegen seiner, sondern wegen *meiner* Bilder. »Ja«, antworte ich trotzdem.

Dann öffnen wir den Umschlag zum allerersten Mal. Unsere Gesichter ganz nah beieinander, damit wir uns die Fotos gleichzeitig anschauen können.

Das erste Bild ist fast identisch mit dem, das er bei Insta gepostet und gelöscht hat. Ich, mit Mamas Anorak und den Haaren im Wind. Ich werde rot, wahrscheinlich genauso rot wie Mamas Anorak, und da knufft Yousef mich in die Seite und grinst.

Mein erstes Bild ist das von der Pfütze. Und wenn ich das so sagen darf, es ist mir echt gut gelungen. Yousef lacht. »Was hast du denn da gemacht?«, fragt er, und ich lache mit. Auf dem nächsten Bild bin wieder ich zu sehen, die Augen geschlossen, die Lippen leicht geöffnet, als wollte ich etwas sagen. Und schon wieder laufe ich rot an. Dass er mich so oft fotografiert hat, habe ich überhaupt nicht mitbekommen. Aber er hat auch andere Bilder gemacht, in der Schule, im Park in St. Hanshaugen. Dann wieder ein

Bild von mir, zu Hause, an dem Tag, als ich ihm zum ersten Mal Kent vorgespielt habe.

Auf den meisten Bildern lächle oder lache ich, obwohl ich nicht mal wusste, dass ich fotografiert werde.

»Na ja«, seufze ich, als wir uns das Bild von der Pizza anschauen. »Fotografin werde ich wohl eher nicht.« Obwohl ich die Pizza als so unglaublich lecker in Erinnerung habe, sieht sie auf dem Foto ziemlich unappetitlich aus.

»Meinst du nicht, es ist ein bisschen zu früh, um die Flinte ins Korn zu werfen?« Yousef lacht, und ich lache mit. »Und egal, was du wirst. Deine Mutter wäre eh stolz auf dich.«

Ich sehe ihn an, zähle seine Wimpern.

»Übrigens hab ich mir noch ein paar Lieder von Kent angehört«, sagt er, als wir zu dem Foto vom Plattenspieler kommen.

»Ach, echt?«

»Ja, gar nicht so übel ... wenn man auf die Texte achtet. Ziemlich schön sogar.«

Ich lächle, aber nur ganz kurz.

»Ich hab mir überhaupt nichts von Arif angehört«, gestehe ich kleinlaut. »Oder von diesem Unge Toyota.«

Yousef lacht. »Unge Ferrari. Schon okay, ist ja nie zu spät, oder?«

Ich schüttle stumm den Kopf.

Im Hintergrund spielt eins der neuen Kent-Lieder.

*Das Herz wird nie voll,
ein ganzes Leben passt hinein.*

Dann sehen wir uns die Bilder noch mal an. Eins nach dem anderen.

Tausend Dank!

Ein Riesendank an Dag Larsen, meinen Mentor am Norwegischen Kinderbuchinstitut, für seine Geduld, die Herausforderungen und die wertvolle Unterstützung. Danke an Synne Lea, die mir half, das Herz der Geschichte zu finden. Ein großes Dankeschön an Stine Linstad und Kaisa Hoel, die mich gefunden und sofort an mich geglaubt haben. Danke an Karin Kuhr Myckland für den Norwegischunterricht am Gymnasium und an Trine Elisabeth Berger, die mehr als nur eine Norwegischlehrerin war. Danke an Eli, den einzigen Erwachsenen, der »Ich *sehe* dich« gesagt und mich gelehrt hat, ich selbst zu sein.

Ein Riesendank an Helén Amalie Lohne, Ingrid Maria Solstrand und meine fantastischen Kolleginnen und Kollegen Marianne, Geir, Hanne, Torgeir, Sissel, Marius, Eline, Hillary und Tone sowie den Rest der »Stovner-Gang« für Euren Einsatz beim Barnevernet, dem norwegischen Jugendamt. Ein ganz besonderer Dank an Kjersti und Ann Kristin, die mir immer wieder zeigen, dass die Arbeit als Sozialpädagogin das Richtige für mich ist.

Außerdem hätte ich das alles nicht geschafft ohne die großherzige Unterstützung der Familien Alaei und Kristoffersen. Danke auch an die besten Freunde aller

Zeiten: Marthe Olstad, Aleksander Norén, Camilla Irén Kristoffersen, Geir Kristian Bendiksen, Marthe Elisabeth Larsen, Lucy Marie Bergan Odberg, Tonje Anett Homb, Anne Marie Bjørnås Gulichsen, Martine Bjørnsdatter Forsberg, Stian Nyegaard-Larsen und Jahaira Reyes Brand.

Zu guter Letzt ein Dank an Neha Naveen, Teuta Dibrani, Kine Johnsen, Anne Frøiland, Neneh Jallow Schistad, Elin Hansson, Simone Thiis, Daniel Hop-Hansen und Lisa Katitzi Hvidsten für Euer Engagement und die Hilfe dabei, Sanna zu der zu machen, die sie ist.

Welch ein Segen, dass ich Euch habe!

Die deutsche Ausgabe wurde finanziell gefördert durch NORLA

Neda Alaei:
Zwischen uns tausend Bilder
978 3 522 20272 5

Aus dem Norwegischen von Stefan Pluschkat
Umschlaggestaltung und -typografie: Felicitas Horstschäfer
Innentypografie: Kadja Gericke
Reproduktion: DIGIZWO GbR, Stuttgart
Druck und Bindung: GGP Media GmbH, Pößneck

© 2019 by Neda Alaei
Die Originalausgabe erschien unter dem Titel *Dette er ikke oss* bei Gyldendal Norsk Forlag AS – Gyldendal Barn & Ungdom, Oslo
© 2021 Thienemann
in der Thienemann-Esslinger Verlag GmbH, Stuttgart
Printed in Germany. Alle Rechte vorbehalten.